10周年纪念版

向解放军学习
——最有效率组织的管理之道

张建华 著

北京出版集团公司
北京出版社

图书在版编目（CIP）数据

向解放军学习：最有效率组织的管理之道：10 周年纪念版／张建华著 . —北京：北京出版社，2015.9
ISBN 978-7-200-11544-4

Ⅰ. ①向… Ⅱ. ①张… Ⅲ. ①企业管理—研究—中国 Ⅳ. ①F279.2

中国版本图书馆 CIP 数据核字（2015）第 207096 号

向解放军学习
——最有效率组织的管理之道
10 周年纪念版
XIANG JIEFANGJUN XUEXI
张建华 著

*

北京出版集团公司
北京出版社 出版
（北京北三环中路 6 号）
邮政编码：100120

网　　址：www.bph.com.cn
北京出版集团公司总发行
北京华洋图书发行有限公司发行
新 华 书 店 经 销
北京汇瑞嘉合文化发展有限公司印刷

*

787×1092　16 开本　14.5 印张　186 千字
2015 年 9 月第 1 版　2023 年 2 月第 9 次印刷
ISBN 978-7-200-11544-4
定价：56.00 元
质量监督电话：010-58572393

前　言

自主化解组织发展中的冲突矛盾

这是本已经出版10年的书。很多朋友因为这本书，了解了中国人民解放军这个组织；我也由于这本书，结识了很多读者。随着时间流淌，我也常常扪心自问：解放军究竟是个什么样的组织，究竟给中国各类组织带来了什么样的启示和借鉴？

近年来，在我们的管理市场有个共识："没有完美的个人，只有完美的团队（组织）"。每每听到或者看到别人提及这个话题时，我都无言以对。更有些人以解放军为例，证明"完美组织"的存在。

正因为大家知道我写了本在管理界有些影响的书——《向解放军学习——最有效率组织的管理之道》。每当遇到类似问题，我都要自问：解放军是个"完美的组织"吗？

实事求是地说，解放军是个高效率的组织，但应该说还不是个完美的组织。

世界上从来就没有什么完美的组织。当某个组织在市场竞争中达到"完美"时，如"斯巴达方阵"、如"生为人杰、死为鬼雄"的项羽团队，离失败就已经不远，退出竞技场只是时间问题了。

因为"完美"意味着极端和终点，已经看不到发展的前景了。

向军队学管理、从军队借鉴管理经验，是世界范围内组织管理的普遍现象。而在中国，解放军又是迄今为止中国最有效率、生命力最强（已经有近90年历史）的组织。解放军成功的管理之道，在市场竞争的征途中，无疑是一条正确而高效的道路。

解放军既有中国特色，又有其普遍的生存价值，这个价值就是：**竞争取胜是组织存在的唯一准则**。这是因为，军队每时每刻都面临的不仅是自身的生死问题，而且其生死直接关系到其所服务的政党、族群以及国家的存亡——中国古代有句名言："天下虽安，忘战必危。"因此，人类社会最先进的科学技术、最先进的理论都最先应用于军队和战争。

有专家研究表明，近30年来，中国民营企业平均寿命只有2.9年，而欧美成熟市场经济国家企业的平均寿命是40年。也许正是这种"其兴也勃焉，其亡也忽焉"的状况，使得打造一个什么样的组织、如何构建一个高效的组织，成为中国企业家以及管理学者们面临的共同课题。

解放军这个远远超过中国以及世界企业平均寿命的组织在

近90多年前诞生时,是由几名知识分子带领一群旧军人和农民组成的弱小组织。在强者如林、枪林弹雨中,在从小到大、从弱到强的历史演进中,尤其是成立之初的前20年,这个组织几乎随时面临灭顶之灾。他们不可能改变外部环境,靠埋怨、指责外部环境险恶、对手和敌人强大,不仅没有用,而且对组织的生存极为有害。他们唯一能做的,就是不断改变自己、适应环境并寻找和等待时机,最终战胜环境、战胜对手。在这个漫长的时间里,解放军不断遇到各种各样来自内部和外部的问题和矛盾,在实践和探索中,一一化解和解决。**化解、解决问题和矛盾之道,使解放军积累了丰富的成功经验。**

解放军是个与时俱进的组织。我们今天所有有关解放军组织建设的"基本经验",其实都是在解决外部竞争和化解内部矛盾中的探索和实践。不断解决各种问题,是一个组织得以发展并日臻完美的不竭动力。

正是基于上述思考,在出版社的建议下,我对本书重新做了修订,并专门增加了解放军如何化解内部冲突与矛盾一章内容。希望读者能够看到,解放军建军的每一条经验,实际上都是在解决矛盾和冲突中根据实际情况作出的选择,当然,这种选择也被历史证明是正确的选择。时至今日,这个伟大的组织仍然在适应不断变化的客观环境和解决各种问题的实践中昂首前行。

毫无疑问,我们今天面临着更为复杂的国际、国内环境;由于世界性经济衰退,企业面临着更加恶劣的生存压力。但《国际歌》中早就说道:从来就没有什么救世主,也不靠神仙皇帝,要创造人类的幸福全靠我们自己。诚然,只有活下去,才能活得更好。而要活下去，在困难和挫折面前，我们只有改变自己适应环境，这是我们唯一的选择。**埋怨和指责都是不解决问题的**。像解放军这个组织一样，目的不仅仅是打造一个完美的组织，而是要打造一个能够**不断适应新情况，化解矛盾和冲突，并不断解决问题**的组织，打造一个足以承载历史重任的组织，这才是一个与时俱进的组织。

这是我们今天仍然学习解放军的意义所在。

张建华

2015 年 9 月于北京

目 录

[001] 引　言　效率是所有组织面临的问题

[009] 第一章　为人民服务
　　　　　——愿景是组织成长的动力

[010] 一、建军宗旨：富民强国的责任
[011] 二、使命无价：创造财富的永动机
[015] 三、目标至尊：事半功倍的成长法门
[021] 四、为谁而战：士兵的忠诚靠教育，员工的"狼性"靠培养
[025] 五、火线入党：适时培养组织需要的骨干
[026] 六、回到根本：务必保持谦虚谨慎的作风，务必保持艰苦奋斗的作风
[028] 七、为谁服务：有效市场

向解放军学习

[032] 第二章 关心士兵生活
——让成员分享组织成长的果实

[033] 一、为什么参加红军：过好日子

[035] 二、从分"伙食尾子"开始：获得回报

[036] 三、发动群众搞土改：合理的薪酬

[038] 四、领6块钱的津贴：让成员分享快乐

[041] 第三章 三大纪律、八项注意
——组织要具有无性繁殖能力

[042] 一、建章立制：没有规矩，不成方圆

[044] 二、军令如山：服从就是尊重自己

[048] 三、一切行动听指挥：有效执行

[056] 四、"缸满院净"："露出你的上八颗牙"

[059] 五、从养成抓起：认真执行标准

[061] 六、八大军区司令对调：不能另立山头

[063] 七、"啃骨头"与"吃肉"：团结就是竞争力

[066] 第四章 打一场人民战争
——组织在合作中成长

[068] 一、团结一切可以团结的力量：扩大合作边界

[074] 二、合作需要妥协：把利益让给合作者

[077] 三、成为铁军：内部团结是竞争力的根本

[079] 第五章 解放军是所大学校
——自己培养领军打仗的人

[080] 一、要当将军：培养上进心

[082] 二、"从奴隶到将军"：培训让成员梦想成真

[083] 三、训练有素：人人都有用武之地

[084] 四、雷锋和邱少云：组织需要的两种干部
[086] 五、扶植军官：骨干是"折腾"出来的
[091] 六、我是一个兵：以"归零心态"创业

[093] **第六章 榜样的力量是无穷的**
　　　　——激励机制让人人成为先进
[094] 一、立功和提拔：让80%的人员受到嘉奖
[098] 二、表扬和鼓励：学先进，赶先进
[100] 三、舍身堵枪眼：敢打硬仗，"剩"者为王
[103] 四、按绩奖惩：让员工看到"记分牌"
[106] 五、论功行赏：及时考核

[110] **第七章 天下是谈出来的**
　　　　——有效沟通创造无限价值
[112] 一、美军也学解放军：谈心谈话
[114] 二、"一对一"的沟通：财富是谈出来的
[119] 三、尊重士兵：给员工一个舞台
[125] 四、吃一顿士兵的饭：到基层讨主意
[128] 五、军民鱼水情：善于沟通赢得商机
[130] 六、有效沟通：4项法则

[135] **第八章 批评与自我批评**
　　　　——把"堡垒里的战斗"变成"战斗的堡垒"
[136] 一、"不是我们无能，而是共军太狡猾了"：要在自己身上找问题
[141] 二、"接受忏悔但不接受告密"：组织拒绝内讧
[144] 三、批评与自我批评：把个人修养建立在制度上

第九章　军歌嘹亮
——建立快乐型组织

[150]
[153] 一、仪式和标志：做个忠诚的员工
[157] 二、拉歌：工作是快乐的
[162] 三、无情纪律，有情关怀：弹性管理孕育生存能力
[165] 四、军史教育：讲故事也增效

第十章　有执行力才有战斗力
——好的制度造就好人

[168]
[169] 一、"叛将"与"叛军"：用人要"疑"
[172] 二、监督与检查：审计出来的信任
[175] 三、前敌委员会：有效授权

第十一章　经常拉响战斗警报
——竞争对手是磨刀石

[180]
[180] 一、预警机制：先生存，后发展
[182] 二、培养蓝军：危机意识长存
[184] 三、军情决定成败：及时了解竞争对手的动态
[187] 四、不打无把握之仗：张瑞敏的"三只眼"

第十二章　让所有人参加比武
——不断地自我变革激励成长

[190]
[191] 一、军事变革：宁高宁的"十大转变"
[192] 二、从红军到解放军：柳传志的"鸡蛋孵小鸡"
[197] 三、革自己的命：组织内部的"鲶鱼效应"
[200] 四、10次大裁军："减法"做强家底

[206] 第十三章　成绩是总结出来的
　　　　　　——让组织天天进步

[207] 一、战争规律：掌握管理话语权

[209] 二、十六字诀：及时总结，不断提高

[211] 三、正视挫折：把坏事变成好事

[214] 四、班务会：每天进步1%

[219] 后　记　在实践中寻找答案

引 言 效率是所有组织面临的问题

向军队学管理、从军队借鉴管理经验，这是组织管理的普遍现象。因为，商业改变社会，而军队的管理思想和管理方法更是改变了商业思维。我们梳理现代企业管理100余年的历史就会发现，对管理贡献最大的不是企业家，不是商学院，而是军队、军校。一方面，现代企业管理从军队管理中借鉴、汲取了许多营养；另一方面，现代企业管理中的许多方法与原则都直接取自军队。特别是两次世界大战后，军队的管理为现代企业组织管理提供了非常好的人员、实践和理论准备。

人类现代企业组织的出现与发展大约有100余年的历史。在这个时间跨度内，与企业生存发展相伴相生的，是层出不穷的企业管理理论。尽管纷繁，管理理论最终却只回答一个问题：效率。

用经济学的眼光衡量，**决定一个国家富裕和贫穷的砝码，是效率；决定企业赢利能力的也是效率，而人类最有效率的组织就是军队。**

在美国，最优秀的"商学院"，不是哈佛，不是斯坦福，而是西点军校。二战以来，西点军校培养出来的董事长有1000多名，副董事长有 2000 多名，高级管理者有 5000 多名。当今世界上许多创业企业家就出身于军人，如众所周知的麦当劳、肯德基的创始人。已连续 4 年位居世界 500 强首位的沃尔玛，其创始人山姆·沃尔顿是拿着 5000 美元复员费开始第一零售帝国征程的。

在美国管理学界还有个"蓝血十杰"的故事。美国福特汽车公司是现代企业管理的实践者、见证者，距今已经有 100 年的历史，是真正的百年老店。1945 年，由于经营管理不善，企业出现亏损。此时，老亨利·福特让位于孙子亨利·福特二世。亨利上任后大胆起用以查尔斯·桑顿为首的 10 位美军青年退役军官。这些退役军人为福特公司建立起了科学的管理制度，为企业管理理论注入了新鲜理念，使福特公司再振雄风。这 10 位退役军官被称为"蓝血十杰"。由于这些人在管理上的建树，其中先后出了两任美国国防部长、两任世界银行总裁、两位著名商学院（斯坦福商学院）院长、8 位企业总裁。"蓝血十杰"成为美国现代企业管理之父。这些退役军人改变了二战后美国的商业管理理念。

20 世纪 90 年代初，海湾战争结束后，与日本企业较量并已经重振美国企业雄风的通用公司董事长杰克·韦尔奇决定：每年选拔 200 名退役军官充实企业中层以下的管理队伍，并且要求通用的各级管理者要逐批到西点军校接受军训。他认为："**军队的管理改变了当代的商业习惯。**"

那么，我们为什么要学习解放军呢？我们对解放军这个组织的了解到底有多少？

它是中国大地自生、自发的组织，它是中国迄今为止最有效

率的组织，它是可以与当今世界任何卓越的组织相比肩的组织。

自 20 世纪初以来，中国各种"主义"泛滥，各种组织也泛滥，但只有两个组织改变了中国的命运，它们是中国共产党和由这个政党缔造的中国人民解放军。

解放军创立之初，只有几个人、一个信念、一面旗帜。但 80 多年来，它在失败中挺直脊梁、浴血奋战，克服了无数艰难险阻，最终走向胜利。在 80 多年的历史中，解放军和世界上许多堪称强大的军队，如日军、美军、印度军、苏军、越军及以美国为首的联合国部队作战，从无畏惧，从无退缩；在无数敌人面前，这支军队遇弱则强、遇强则刚，忠实地履行了中国共产党的意志。半个多世纪以来，顶级装备的美国军队在和解放军的几次直接、间接交手中，从未占过上风。

也是这个组织，它同中国几乎所有的旧军队作战，并最终消灭、改造了他们。还是这个组织，在大规模战争结束之后，依然忠实地履行着自己的职责：积极参加国家经济建设，努力为人民服务。1976 年中国唐山大地震、1998 年长江洪灾等等灾害中，人民想到的是解放军，冲在最前面的当然也是解放军。

这是个先后有 4000 余万人参加、目前有着 230 余万人规模的组织。今天，曾经属于这个组织的绝大多数人已经离开了它，足迹遍布中国各个行业和世界各个角落。随着岁月和时代的变迁，世界变了，中国变了，他们中的许多人也变苍老了，但唯一不变的是，几乎所有成员对这个组织怀有的忠诚和感激。几乎所有成员都把自己在这个组织中的经历当作人生中最宝贵的回忆，几乎所有成员依然把这个组织的节日当成自己的节日，印刻在骨骼上，印刻在生命里。

向解放军学习

这是个让所有对手都感到神秘，令世界上几乎所有的大国、政体都在研究，而且在几十年间依然没有参透的组织。

解放军发展壮大的历程与现代企业成长的轨迹几乎完全相似，从其创立到成为中国境内具有绝对竞争优势的武装集团，用了大约20年时间。而一个企业从创立到能够在所从事行业中数一数二，大约也需要15~20年的时间。美国的苹果公司、微软公司用了20年时间，中国的万科、联想和海尔也差不多是这个时间。如果用"百年老店"来形容组织的基业长青的话，毫无疑问，再过20年，解放军依然是世界上最优秀的组织。

我们可以这样说，在中国，没有任何组织，在执行缔造者所赋予的使命、在制度建设、在人才培养、在自主变革、在奉献精神以及最大限度地发挥效率方面能与解放军相提并论。

学习解放军并不是我们的专利。20世纪80年代中期，日本一家著名企业专门组织其管理人员到福建"古田会议"旧址，学习当年红军艰苦创业的精神。美国企业也非常推崇红军的长征精神。美国军队曾于20世纪80年代中期明确提出"向解放军学习"，并在内部管理等方面，直接从解放军的管理理念中汲取营养。

翻开25年来中国本土企业发展史，可以发现，改变了中国人的生活、创造了我们这个繁荣时代的中国创业代企业家中，许多人都出身于解放军：联想的柳传志、海尔的张瑞敏、华为的任正非、华润集团的宁高宁、万科的王石、华远的任志强、广厦集团的孙广信、科龙的潘宁、杉杉集团的郑永刚、宅急送的陈平，等等，可谓星光灿烂。我们甚至可以这样说，没有任正非和他的华为，中国的电信革命至少要晚好几年，中国人也不可能这样快地享受到电话给生活带来的便利；没有柳传志和他的联想，我们不可能这样快地完成家庭电子革命；没有王石和他的万科，普通百姓不可能这样快地享受到"诗意的栖居"；没有陈平和他的宅急送，大中城市的商业运转速度将减慢……据统计，截至2004年底，以营业额计，在中国排名前500位的企业中，具有军人背景的总裁、副总裁就有200人之多。

今天的企业管理世界，有如20世纪初的中国，各种主义泛滥，短短几年时间，人类现代管理100年的种种理论爆炸式地引进中国，但"热闹的马路不长草"，我们究竟需要什么样的管理理念？大多理论之于中国实践，不是雾里看花就是隔靴搔痒，正如一位研究中国文化的美国著名学者所言，"没有任何外来文化能够独霸中华大地。真正的问题是，什么样的外来人能更好地解决中国问题！"

解放军的成长发展道路，是历代中国人在不断地求强求富探索实践的失败和教训中铺就的：1840年，西方人用炮舰打开中国的大门，中国开始顿悟，大搞洋务运动，但1895年的甲午海战，当时位居世界第四、亚洲第一和管带以上军官全部经过英国海军军官学校培训，甚至连操作口令都用英语的北洋海师被日本人打败——中国人的强国梦破灭了，全盘西化、狭隘的民粹主义同样不能拯救中国……

其实，创建了解放军组织的共产党，对建立一支什么样的军队、如何建立这个军队也有争论。红军第五次反"围剿"失败，不仅宣告了共产国际派来指导中国革命的德国军事顾问李德在军事指挥上的失败，而且也宣告了照搬国外革命成功经验的失败。这时，毛泽东提出，在中国搞革命，不能不研究中国革命的规律。**中国企业建设同样应该研究中国经济的规律**。世界上没有两个一样的企业，也没有两种相同的企业管理模式。

由于我们是个没有经过彻底的工业革命的国度，今天的产业工人中有80%以上来自农民，这让许多企业老板、管理层在感叹员工素质时，深感应该学习解放军：解放军成立至今，成员基本是中国的普通农民，但解放军并没有成为一支农民起义军式的军队，相反，在这所大学校中，普通农民却被锻造成为组织中的优秀人才。

"向解放军学习"在中国曾是句非常流行的口号，但当中国从政治时代步入经济时代后，这句口号渐渐被淡忘了。现在重提这句口号，主要缘于这样的思考——解放军是中国迄今为止最有效率的组织。与汗牛充栋的国外管理理论相比，也许，**解放军的管理思想**、**管理方式**，对中国企业的实践意义、启迪意义更大。

解放军建立90多年的全部历史证明，这个组织之所以成为最有效率的组织，之所以始终保持了其中华民族先进组织代表的特性，根本原因在于：解放军在其发展历程中尽管遇到过这样那样的挫折，却始终高举"为人民服务"这面大旗，并坚定信念不动摇；在于这个组织能始终保持开放的、与时俱进的精神状态，用世界上最先进的科学理论武装思想，追踪和掌握世界上最先进的武器装备，使这个组织始终保持了旺盛的战斗力；在于这个组织始终注意组织的文化建设，用先进的文化塑造组织成员；更在于这个组织始终拥有最优秀的创建者、管理者和执行者；在于它把一个武装集团建成了一所大学校，把一个武装集团建成了中国最具文化特色的组织。

引 言

学习解放军，对企业、机关、学校等组织提高运行效率，造福于社会，具有重要的现实意义。

当然，军队并不是一片净土，在这个组织中也有这样那样的问题，但这丝毫不影响它是世界上最优秀、最有效率的组织。我们可以发现，**现代企业管理中面临的各种问题，如关于市场、竞争、企业制度建设、企业传承、员工忠诚等等，都可以在这里找到满意的答案。**

其实，不单单是企业，效率是所有组织都面临的问题。**学习解放军，提高组织管理效率，不仅对企业，而且对于学校、医院、政府机关及所有组织都有百益而无一害。**

人类组织发展的全部历史证明：世界上最有效率的组织是军队。

世界现代企业100余年的管理实践证明：军队的管理思想和管理方法是企业最好的榜样。

近代以来中国人求强求富的探索证明：160多年来，中国最有效率的组织是中国人民解放军。

中国改革开放20多年来的事实是：**中国最优秀的企业家有许多出自解放军，他们用军队的管理思想和管理方法创建了中国最有效率的企业。**

大道至简，向解放军学习——

★ 为人民服务

★ 关心士兵生活

★ 三大纪律、八项注意

★ 打一场人民战争

★ 解放军是所大学校

向解放军学习

★ 榜样的力量是无穷的
★ 天下是谈出来的
★ 批评与自我批评
★ 军歌嘹亮
★ 有执行力才有战斗力
★ 经常拉响战斗警报
★ 让所有人参加比武
★ 成绩是总结出来的

第一章 为人民服务
——愿景是组织成长的动力

心胸有多宽广，事业就有多大。创造财富的过程同样如此。

我曾问过数十位企业的创业老总：**为什么要办企业？**大家的答案基本一致：开始并没有什么远大的使命和理想，大多是为解决生活的贫困、为买房买车、为实现自我价值，甚至是为了获得自己所倾心女人的爱恋，等等。被称为中国企业家常青树的联想董事局主席柳传志办企业的初衷更直接：不愿无所事事。其实，也正是这些基本的需求促使这些精英们萌发了最初的创业动机。但仅有上述理由，企业还不可能做大，不可能做长远，更不可能做成一个世界级的百年企业。

组织是适应于具体目标的需要而存在的。只有当一群人有一个共同目标，而这个目标单个人又不可能完成时，组织才能产生和继续存在。今天，当我们对中国产品在世界市场所取得的成就、对中国经济的繁荣感到振奋和自豪的同时，冷静思考后我们会发现，取得这些成绩的主要原因正是以企业为主要形式的经济组织所创造的巨大价值改变了我们的生活，创造了这个时代的繁荣。

自1978年的改革开放以来，为什么中国人能够创造这样的经济成就？我以为，一个重要原因是，中国人在主观上几乎全体一致地怀有为自己、为家人生活得更美好而创造财富的愿景的同时，客观上也形成了举国一致朝向"富民强国"目标前进的动力。

一、建军宗旨：富民强国的责任

"富民强国"，是多少代中国人的共同使命和目标。

1927年8月1日，共产党人举行了著名的"南昌起义"，宣告了解放军的创立。创建者们在思考：我们为什么要建立一个这样的武装组织？我们的目标是什么？我们如何能够实现目标等等问题。继南昌起义和秋收起义失败后，毛泽东在江西永新县的三湾村对部队进行了改编。在提出了"支部建在连上"，保证中国共产党对这支军队绝对领导的同时，对这支军队要去哪里、如何实现目标，进行了规划、设计。"我们是人民的军队，我们是为人民服务的"成为这个组织的使命与宗旨。在80余年的历史中，每个进入解放军的成员可以带着不同的个人目的，但这些不同的"个人目的"，必须统一到组织的"使命"上来："我们来自五湖四海，为了一个共同的革命目标走到一起来了。"

我跟踪研究了100余家在中国堪称优秀的企业。这些企业由于搭乘上中国经济增长的快车，抓住市场机遇而赚到了钱。但其中一些企业由于没有明确的组织目标，由于满足于暂时的市场成功，而失去了继续前进的动力，进入"滞长"状态或倒闭。世界上任何组织要想聚集起更多的成员，要想更长久地生存，都需要设立足以担当此任的组织使命和目标。

组织在前进中的一个个小的、阶段性的、具体的目标，最终集合为组织的大目标、终极目标——使命和愿景。用历史的眼光看，人类社会各个历史形态，相对于过去的形态，都是一种进步，也都有自己的使命——这是历史前进的动力。市场经济体制，这种以商业为主的体制，本身也是有使命的。在美国，沃顿商学院是与哈佛商学院难分伯仲的商学院。有意思的是，这两所世界著名商学院为新生安排的入学教育第一课居然都是政治课，甚至课程内容都相同：商业使命、商业道德和企业家的使命和企业家道德。无独有偶，著名华人企业家李嘉诚先生在中国内地创办的长江商学院的新生第一课也是政治课。这个已经连续几年由院长亲自主讲的课程，内容是"中国企业和中国企业家的使命"。这些著名商学院认为，**只有具有了使命的企业和企业家才能够在商业社会中生存和发展。**

二、使命无价：创造财富的永动机

解放军的胜利，成为全世界许多组织研究的一项重要课题。在解放军80多年的历史中，从缔造者到今天的新统帅，从士兵到高级将领，从几乎赤手空拳到"小米加步枪"，从单一兵种到现代化种类齐全的合成军，解放军时时刻刻在发生着变化，但唯有一点不变，这就是缔造者们赋予它的宗旨：

紧紧地和人民站在一起，全心全意地为人民服务。

在这个宗旨的感召下，解放军队伍中涌现出许多英雄楷模，这些平凡而普通的士兵，用行为彰显、充实了使命的内涵，张思德就是其中之一。

张思德出身于四川省仪陇县六合场的一户普通佃农家，与中国红军总司令朱德是同乡，1933年参加红军。长征到达陕北后，张思德被分配到现在的中央警卫团前身警备团手枪连（即一连）担任警卫工作。

1944年春，为了继续发展生产，中央机关和警卫人员组织了一支精悍的生产小分队。张思德当时在枣园内卫班任毛泽东的警

向解放军学习

卫战士,他第一个报了名,随队从枣园来到了陕北安塞县境内的石峡峪庄,与另一队人马会合,组成了生产农场。9月5日,张思德在修理新挖成的窑洞时,突然发现窑顶掉落土块,抬头一看,窑顶裂开一条缝。他知道这个窑就要倒塌,但他第一个反应不是自己往外跑,而是把身边的战友一把推出窑口。瞬间,张思德被塌下的两米多厚的窑顶土埋在窑内。他的战友脱险了,而张思德被大家挖出来时,已经没有了呼吸。

张思德牺牲的消息很快就报告到毛泽东那里。毛泽东非常难过,十分动情地对警备团的领导说:"……张思德是为大家、为集体而死的,要开个追悼会,我去参加。"

9月8日,在张思德同志的追悼会上,毛泽东发表了著名的演讲《为人民服务》。他讲道:"我们的共产党和共产党所领导的八路军、新四军,是革命的队伍。我们这个队伍完全是为着解放人民的,是彻底地为人民的利益工作的。张思德同志就是我们这个队伍中的一个同志。"

毛泽东还说:"我们的同志在困难的时候,要看到成绩,要看到光明,要提高我们的勇气。中国人民正在受难,我们有责任解救他们,我们要努力奋斗。要奋斗就会有牺牲,死人的事是经常发生的。但是我们想到人民的利益,想到大多数人民的痛苦,我们为人民而死,就是死得其所。"

一句"为人民服务"唱出革命理想高于天,一名普通士兵的命运注定和这个优秀的组织永远相连。

2004年7月31日,驻香港的解放军组织盛大的"八一"大阅兵。许多香港市民和国际人士怀着各种目的,对解放军的阅兵既期待又好奇,其中包括对阅兵时口号的揣测。因为,香港市民从电视上曾看到解放军的阅兵式,见阅兵首长与部队官兵之间有"同志们辛苦了","为人民服务"的问答。驻港部队的阅兵式会否因"一国两制"下的香港而换个口号呢?对此,驻香港解放军

三军司令员向记者坚定地表示:"为人民服务"的口号不会改变。

其实,人类的远古时期是从童话中走出来的,人们最大的动力来自于信仰和信念。关于这一点,我们看看在中国西藏通往拉萨的路上磕等身长头的信徒就会理解使命与信仰的重要了。

使命和宗旨是组织的"DNA",是组织生存的核心,是生存的基础。企业作为竞争性组织,当然需要确立组织宗旨——使命。

企业的使命和正确的经营理念是一致的。所谓经营理念是对"公司为了什么而存在"、"真正的使命是什么"这些问题的明确回答和继而产生的坚定信念。

一个创业的企业家和企业,在大多数情况下是不可能从一开始就找到属于自己的那块"奶酪"的。用联想董事局主席柳传志的话说,是"脚踩西瓜皮——滑到哪里是哪里"。但成功的企业却不可缺少价值设计。**企业的价值设计就是企业使命的设计、提炼过程。**

20年来,我知道有几位在本行业大获成功的军人出身的企业家,如柳传志、张瑞敏、王石、任正非、宁高宁、陈平等等。仔细琢磨会发现,他们的成功在于他们并不是把自己的产品作为企业营销的终极目标,而恰恰是把企业的使命和企业的精神作为企业营销的最终目标。如,**海尔的"敬业报国,追求卓越";联想集团的"联想将提供信息技术、工具和服务,使人们的生活和工作更加简便、高效、丰富多彩,为员工创造发展空间,提升员工价值,提高工作生活质量,回报股东长远利益,服务社会的文明进步";华为集团的"华为的追求是在电子信息领域实现顾客的梦想,并依靠点点滴滴、锲而不舍的艰苦追求,使我们成为世界级领先企业。为了使华为成为世界一流的设备供应商,我们将永不进入信息服务业。通过无依赖的市场压力传递,使内部机制永远处于激活状态"**。

向解放军学习

　　1995年是联想最困难的时候，可谓内外交困。内部，高层管理人员间的矛盾到了白热化程度。外部，一是由于市场环境等问题，香港联想出现亏损；二是国内PC市场被国外几个大的品牌厂商占据了绝对市场份额。面对这种形势，柳传志坚定地高举"振兴民族工业的旗帜"，起用杨元庆等年轻人，大举展开本土战略，一举成为中国内地市场份额最大的品牌厂商，进而出击国际市场。没有"替天行道"，也就不会有《水浒传》中"聚义厅"下的一百单八将，更不会有"及时雨"宋江。如果没有"振兴民族工业"的旗帜，柳传志也不可能在那种形势之下一举扭转联想在中国市场的态势，并从此奠定了中国PC界的龙头企业地位。

　　以立法形式完成对公司长久发展蓝图描绘的，是任正非和他的华为公司。《华为基本法》的内容涵盖了企业发展战略、产品与技术政策、组织建立的原则、人力资源管理与开发，以及与之相适应的管理模式与管理制度等方方面面。其中心内容是企业的核心价值观。

　　华为总裁任正非描述说：企业的核心价值观就是适合全体员工的一道菜。一个企业只能有一个核心价值观，以此来统一企业的文化与管理。它应该是公司员工共同认同的规范与尺度。一个企业可持续成长的关键在于企业具备可持续发展的动力源泉和动力机制，这就是企业的核心价值观。**企业的核心价值观必须为其接班人所接受，接班人必须具有自我批判能力**。自我批判能力就像刨土一样。管理思想的土壤松动，为持续创新的种子的成长创造了条件。

　　一个优秀的企业组织，无论其使命、目标用什么话语具体表述，根本的也是"为人民服务"。现代企业经过100多年发展，企业理念已发生了根本变化——企业不仅是经济组织，而且是"社会公民"。企业目标就是赢利。企业通过创造财富，一方面为员工服务，另一方面又通过产品和税收，更大化地为社会服务。

这些，谁能说不是为人民服务呢？

目前，世界上公认衡量企业的标准包含有"社会责任"一条。一个世界级的优秀企业应该是"取之于社会，回报于社会，造福于人类"的企业。IBM始终把回馈海外公司所在国家和人民作为战略的一个部分。例如，IBM国际采购业务1993年在中国的采购额是3000万美元，至2000年增长到20亿美元。而从1997年开始至2004年底，IBM向中国教育的捐赠已累计超过1亿美元。

做大的企业，绝不能鼠目寸光。一个没有社会责任、不承担应尽的社会义务的企业组织，终究不会有大的作为。

有人研究，世界上企业缔造者大概有1/3出身于军队，第二个1/3是虔诚的信徒，另一个1/3是发明家。他们分别代表着纪律、信念与创新。分析这三种企业家的出身背景对我们深刻认识现代组织的秘密大有裨益，因为最伟大的商业组织都是纪律、信念与创新的有机结合，尤其是前两者的结合。

成功的组织有相同的特点。世界上军队与教会这两种历史悠久的伟大组织历经千年的经验告诉我们，**一个坚强的组织最根本的要素就是：信念与纪律。**

三、目标至尊：事半功倍的成长法门

凡是伟大的组织，一定是理想主义和现实主义完美结合的组织，这样的组织是很难被战胜的。

解放军是组织目标和价值观完美结合的典范。实际上，我们不可想象，如果没有"全心全意为人民服务"这个宗旨，解放军如何去完成每个阶段的目标任务。

解放军的目标明确，不仅表现在战略上，更多地表现在战术层面上：上级知道应该命令下级做什么；下级也明白自己在什么时间、什么地点，如何去干什么———一切都在可控制之中。

解放军组织的运作，很大程度上可以说是个"目标管理"的过程。共同而明确的目标，使这个组织产生了强大的竞争力。

目标定得准确是不容忽视的。

朝鲜战争初期，志愿军的目标是打大的歼灭战，要求整师地消灭美军。但当毛泽东发现这个目标不现实时，他立即将此目标降为"零敲牛皮糖"。只要求一次吃掉敌人一个团、一个营，甚至一个排、一个班，积小胜为大胜，最终达到了把美军赶回谈判桌旁的目的。

组织需要目标，目标的准确是首要的。实际上，在任何战争中都有一个核心问题必须解决，这个核心问题就是认清敌方"重心"之所在。如果对方的这点被打败了，则整个战事都会发生于敌不利的变化，这被称为枢纽。判断什么是枢纽、什么是事情的关键，是需要雄才大略的。解放军在1947年的辽沈战役中先打锦州而后打长春，就是抓住了"枢纽"的正确选择。

我在基层带兵时，每天、每周、每月、每季度、每年，都要制定相应计划，明确在某个时段该干什么。

为了目标准确，新兵到部队后，首先要学习接受命令的方式是：

（1）命令接受清楚（知道该干什么）后，下级要复述上级的指示内容；

（2）没有领会上级命令，应回答：报告，请首长再重复一下命令内容。

当然，作为上级，为了能够达成、实现目标，目标的确定需要简明扼要。

组织的使命，决定了这个组织的性质。但要使全体组织成员忠实地履行宗旨，就必须把这个相对抽象的概念，转化为组织不同时期的具体目标。

 第一章　为人民服务

"为人民服务"宗旨的确立，使解放军有了个可以跨越时间和空间不变的"北斗星"。使这个组织可以朝着这个方向永无止境地前进。但在具体达成这个使命的方式上，需要因地、因时制宜。这就是组织的目标。

组织目标是完成使命和组织宗旨的载体，是随着环境、时间以及条件变化不断调整的一张"列车时刻表"。对组织来说，宗旨是共同目标；对组织成员来说，共同目标是组织阶段需要到达的目的地。

"我们都是来自五湖四海，为了一个共同的革命目标，走到一起来了。"这是半个世纪前解放军的缔造者毛泽东的一句名言。这个目标是可以诠释的，是远大与现实完美结合的目标，这也正是这个组织具有超越对手的效率和竞争实力的原因所在。为保持组织的前进方向，需要在组织的前方建立起具有灯塔性质的目标。

什么是灯塔性质的目标呢？

我以为，这是个可以支撑组织在相当时间内发展的目标，是个能够规避前进路线偏差的目标，是个能够在极度艰难困苦中吸引成员前进的目标，是个能够使全体人员为之努力并能达到目的的目标。

目标明确是军事指挥的基本原则。

在长征中，这个目标是渡过大渡河，是翻越雪山，是走出草地，是到达陕北。在抗美援朝战争中，这个目标是把对手赶过"三八线"，是用"零敲牛皮糖"的方式消灭敌人，集小胜为大胜并取得战争的最后胜利。

使命与目标相比较，二者既有区别又有联系。区别是说：使命是组织存在的目的，是"魂"，是基本不变的信仰；使命就像北极星一样，能让企业有一个明确的最大方向，引导组织努力向前。**没有明确的使命，企业是不可能走远的。**而目标是血肉，是

"活动"的血液，是可变化调整的。联系是说：使命是组织"最终、最高的目标"，是终极目标，所以短期之内一般很难实现，是个必须一直努力向前的大方向，是永远的未完成式。而我们这里所讲的目标则不然，这个目标是可以实现的，是可以在一段时间内完成的。**目标是使命在某个阶段的具体化。**当然，旧的目标实现后，新的目标又确立了。

组织为达成使命需要具体的目标。

美国管理学家德鲁克说："并不是有了工作才有目标，而是相反，有了目标才能确定每个人的工作。所以，管理者应该通过目标对下级进行管理。企业的使命和任务必须转化为目标。"人类组织的产生，正是人类希望实现自身目标的结果。通过有效的管理，人们得以将自身的目标转化成具体的行动。所以，目标是如此重要，它是企业之舟在夜航中的灯塔。

目标的实现，需要梦想，更需要一步一个脚印地跋涉。

有这样一个故事：

> 一个父亲带着三个孩子到沙漠中去猎杀骆驼。他们到达了目的地。父亲问老大："你看到了什么呢？"老大回答："我看到了猎枪、骆驼，还有一望无际的沙漠。"父亲摇摇头说："不对。"父亲以相同的问题问老二。老二回答："我看到了爸爸、大哥、弟弟、猎枪、骆驼，还有一望无际的沙漠。"父亲又摇摇头说："不对。"父亲又以相同的问题问老三。老三回答："我只看到了骆驼。"父亲高兴地点点头说："答对了。"

这个故事告诉我们：一个人若想走上成功之路，首先必须有明确的目标。目标一经确立，就要心无旁骛，集中全部精力，勇往直前去实现。

企业也是一样，使命和任务转化为目标后，管理者应该通过

明确的目标对员工进行管理。

企业使命的建立，使企业发展有了一个出发点，有了原动力，有了前进的方向。从这个出发点出发，依然需要走很长的路，需要付出很大的代价。换句话说，"企业使命"是解决建立一个什么样企业的问题，是相对固定的，是可以在不同时间、不同地点，用不同的词语诠释的，是精神的；而"企业的目标"则是实现使命的步骤、阶段条件，是物质的，是可以调整变化、可以修正的。

企业没有这种具体的、物质层面的目标，员工前进的动力就会失去，企业也就无法在竞争的环境中生存。

《西游记》中随唐僧取经的白马有个兄弟叫毛驴。白马和毛驴的生活环境一样，但后来，白马随唐僧取经，历尽千难万险去了西天，终成正果，而毛驴则继续拉磨。取经回来后的白马自然成了神仙。毛驴兄弟非常不服气。白马说：毛驴兄弟，咱俩走过的路一样多。我去西天取经是一直目标明确地往前走，但是你也从未停止过走路。我们唯独不同的是，我有一个远大的目标，我把它走完了，而你却围着磨盘转了多年。

我听到过这样一个故事：

> 一只老骆驼穿越了号称"死亡之海"的千里沙漠凯旋。
>
> 马和驴请这位英雄介绍经验。
>
> "其实没什么好说的。"老骆驼说，"认准目标，耐住性子，一步一步往前走，就到达了目的地。"
>
> "就这些？没有了？"马和驴急着问。
>
> "没有了，就这些。"

我们每个人自涉世起就开始树立目标，因为生存需要目标，没有了目标就没有了自我。没有目标的生存只能称其为"苟且"。

在社会生活中，就单个生命来说，生存可以"苟且"，但对社会组织而言，"苟且"是绝对不可能生存下去的。

目标对于一个企业至关重要，它是企业寻求创新和成长的冲动，是保持永不满足的精神。但**不恰当的企业目标，又很可能会成为导致企业失败的原因。**

为什么同样"目标远大"、"理想远大"，有的企业从成功走向优秀，而有些企业却不能跨过这个"坎"，而走向失败了呢？

为了在市场竞争中处于有利地位，为了更多地增加利润以利企业的生存和成长，在经营中必须不断设定更高的目标。当然，这个目标虽"高"，但并非"不可攀"。用这个主动设定的更高目标，动员员工调动所有的精力去努力奋斗，这是企业市场成功的关键。而要达成这样的一个目标，就必须让全体员工都清楚地知道这个目标，使目标成为全体成员所共有，并落实到每个员工的行动中。如果企业能够真正达到这样的一个目标，那么，这个企业就达到了一种难以超越的境界。

有人经过一个建筑工地，发现有三个工人在工作。他分别问这三个工人在做什么，三个人的答案各有不同。第一位回答：我在卖力赚钱。第二位回答：我在做最棒的建筑工。第三位回答：我正在盖这个城市最好的大厦。

我们看到，作为企业，只有第三位工人明确了企业的目标。在每个具体企业中，每个员工作为个体都可以有自己的目标，而企业整体也应该有企业的整体目标。**在这个整体目标之下，个体的目标必须服从、服务于整体目标，绝对不允许背离整体目标。**

联想董事局主席柳传志先生说：办企业有点儿像爬珠穆朗玛峰，目标是爬到山顶。不管是从北坡上，还是从南坡上，都能爬到山顶。但你做企业，你的队伍总不能一半人从南坡上，一半人从北坡上，这是不行的，大家要从同一个方向朝目标前进。只有这样，这个企业才会在竞争中有获胜的机会。

四、为谁而战：士兵的忠诚靠教育，员工的"狼性"靠培养

组织宗旨的教育效果靠"说服"，而非"压服"。

"为人民服务"是组织宗旨，需要组织成员全体一致遵守。而让流动着的（铁打的营盘，流水的兵），数百万各种不同背景、不同性格、不同梦想的人在最短时间内接受这个宗旨，最好的办法就是教育。

"教育训练"是解放军的首创。

解放军第一次明确地把对成员的"思想教育"与成员的"军事技能训练"摆在了同等地位。教育训练是解放军组织建设的主要内容。在世界上，能够把教育提到与训练同等高度，是解放军的首创。训练，是对士兵进行作战技能的培训；教育的目的，则是使士兵知道为什么去作战。教育，能培养士兵形成忠诚、勇敢、服从和执行的意识和能力。

解放军的士兵教育具有光荣传统。

解放战争时期，大批国民党军队的士兵以"解放战士"身份加入了解放军行列。为了让这些战士明白"为谁当兵、为谁打仗"的道理，成为解放军中自觉的战士，解放军各野战军广泛开展了以"两忆三查"为主要内容的新式整军运动，激励了士兵的战斗热忱，显示了巨大的威力。士兵教育成为解放军克敌制胜的重要法宝。

我曾是解放军中一名士兵，也曾在这个组织中带过兵，我感到，解放军士兵对解放军组织的忠诚的确是教育出来的。

解放军管理思想的一个重要内容，就是强调耐心说服教育。不断的思想灌输，成为转变士兵思想的极好的方式，也是最快捷、最有效、最经济的方式。

解放军认为，**管理与教育是密不可分、相辅相成的两个方面，严格管理是建立在耐心说服、启发自觉的基础上的**。因此，在解放军的管理工作中，既靠行为约束和规范，更要靠思想的启迪和引导。解放军认为，**管理离开了深入细致的思想教育，就容易简单生硬；教育离开了严格的管理，也容易没有说服力**。只有把两者结合起来，才能达到真正的目的和最佳效果。毛泽东曾说过，要人家服，只能说服，不能压服。压服的结果总是压而不服。

企业员工对企业的认知也要靠灌输。在企业文化中，重要的不是客户，而是员工。

教育在先，就是要首先告诉员工：干什么，怎样干，干到什么标准。其次，是教育员工，要充分发挥主观能动性，积极努力地干。

在中国当代企业家中，军人出身的企业家，都特别注意教育在企业管理文化建设中的作用和地位。他们往往很注意对员工进行"狼性"教育。

华为老总任正非、联想老总柳传志、万科老总王石、华润老总宁高宁，都是写文章的高手。他们教育员工的文章不仅在自己的企业，而且在企业之外都有很广泛的影响。

2001年，华润在国内陆续收购26家啤酒企业。由于各企业文化差异等原因，这些企业进入华润序列后，管理层、员工的思想依然停留在原企业层面上。宁高宁在企业高层会议上讲了这样一个故事，这个故事后来在这26家企业管理层和员工中广泛流传：

26只猫和1只老虎

大山很美，山里来了1只狼。狼饿了，找食吃，见到一群猫。数了数，有26只。这么多猫，把狼吓了一跳。可狼实在饿了，就壮着胆子向1只猫下了手，结果

猫被吃了。猫虽然挣扎，也没有用，其他猫也没有给予帮助。狼很得意，于是每天吃1只猫，26天，一连吃了26只猫。狼长得又肥又壮，很骄傲。

狼吃完了猫，又四处觅食，走了很远，正当饿极时，又看到1只大猫。这下狼高兴了，心想，虽然这次只有1只，可是看起来很大，可以吃饱，于是冲上去就咬。结果这只猫不但气力大，也凶猛，反过来把狼打倒在地，把狼吃了。狼被吃了也不知道，这只貌似猫的东西原来不是猫，大猫非猫，猫大了，就叫老虎。1只大老虎的力量大过26只猫。

这个故事不是童话，是真事，发生过。在我们周围也有一个类似的故事，正在发生，很相似。这26只猫就是我们今天的26家啤酒厂，那只大老虎则是我们未来的啤酒集团。狼，可能有很多狼，是我们的竞争对手，如果我们不变成老虎，就会被狼吃掉。

如何把26只（可能还更多）小猫变成1只大老虎呢？可以用研究动物生理的方法来分析和比较。还有很多可以分析。这些方法可能不完全与现实吻合，但是它提供的启示和思考是很有用的。实际上，动物界的竞争和人类间的竞争是很一样的，要不怎么有社会达尔文主义呢？

寻求科学的管理方法，来实现统一运作的规模效应。我们能让一群猫变成大老虎吗？这不是游戏，是生存的残酷现实。

华润后来对国内啤酒企业文化的整合，就是按照"变猫为虎"的思路进行的。这让我们想到《愚公移山》。这个典故教育了几代中国人。

员工的"忠诚、勇敢、服从、完成"的品质，一方面靠自我修养，另一方面更靠教育。

任何一个组织，包括学校、医院、政府机关在内的任何一个领导人，都希望自己的部下和成员具有"忠诚、勇敢、服从、完成"的品质。

忠诚：就是对组织要忠贞不贰。在任何时候、任何情况下，绝不背叛组织。

勇敢：要有"狭路相逢勇者胜"的胆略，要有在任何情况下能够"战胜敌人而不向敌人屈服"的勇气，在关键时刻，要敢于刺刀见红。

服从：组织成员要下级服从上级，服从董事会的领导。

完成：员工要有能够千方百计创造性完成任务的能力。仅有忠诚、勇敢和服从是不够的。解放军组织重在培养干部、骨干"带兵打仗"，普通士兵也具备能够独立作战的能力；培养能创造性完成任务的人。

华为是在国外企业产品占据整个中国市场的夹缝中成长起来的。我们今天可以说，如果没有任正非和他领导的华为，中国电信革命的完成可能要晚好几年，中国人可能要用比现在更高的代价使用通讯设施。

华为老总任正非非常注重培养企业员工"忠诚、勇敢、服从、完成"的"狼性"精神。

华为一创建便面对跨国巨头的激烈竞争，在严重缺乏资源的情况下，只有靠"狼性"冲上去。所谓"狼性"，用任正非的话说，就是"哪儿有肉，隔老远就能嗅到，一旦嗅到肉味就奋不顾身"。

任正非曾回忆："公司初创时期处于饥寒交迫、等米下锅的时候。我们是一群饿狼，只有让'狼性'爆发才能生存。"从最初的创业到后来的发展，华为充满了坚忍、顽强、不舍、凶狠等典型的"狼性"特征。而且是一群可以咬死任何庞然大物的本土狼。

既然要培养"狼性",便需给狼足够的刺激。任正非甚至专门写过一篇文章,题目就叫《建立适应企业狼性发展的机制》。任正非说:"中华民族的文化是一种忍耐的文化,而不是扩张的文化。我们竖起利益均沾的大旗,强行推行扩张文化。"利益均沾原则不仅适用于华为对内刺激狼性,也成为其笼络客户、攻城略地的利器。

在华为内部,狼性文化同样明显。任正非在大量网罗人才的同时,通过"狼性"安排,在内部制造出激烈的竞争,"在你旁边蹲着一只狼",随时准备替换表现不佳的员工。在华为,可以看到敢于为人所不为的技术创新和顽强的坚持。

任正非说:"我永远都不知道谁是优秀员工,就像我不知道在茫茫荒原上到底谁是领头狼一样。企业就是要发展一批狼。狼有三大特征:一是敏锐的嗅觉,二是不屈不挠、奋不顾身的进攻精神,三是群体奋斗。企业要扩张,必须有这三要素。"

五、火线入党:适时培养组织需要的骨干

解放军有个非常独特的政治行为:党的建设。解放军组织建设中明确要求:连有党支部,排有党小组,班有党员。在"铁打的营盘,流水的兵"这样一个组织中,为保持制度的延续性,就要把组织需要的人吸收进组织中来。而进入组织的这些人,从普通士兵到将军,都要执行党的方针、政策,遵守党的纪律。为保证这个政策的组织落实,解放军甚至在"急、难、险、重"任务中,进行"火线入党",把关键时刻为了党的利益能够冲得上去、不畏流血牺牲的战士及时吸收到党组织中来,使之成为组织的中坚和骨干。

把组织需要的人吸收到组织中来,并使之成为组织骨干,是

解放军成为最有效率的组织的重要原因之一。

华为集团的任正非是深谙此道的企业家。他在华为集团进行全员持股计划,把高级管理人员变为企业的股东,成为企业的主人,使他们死心塌地地为企业发展出力,并能够分享到企业发展和增长的快乐。

任正非对他身后的"狼群"说:"拿下狮子周围那些领地来,会有你们各自的份额。"——这是华为最初推行全员持股的原动力。

正是靠这些,任正非以三流的产品卖出一流的市场,从一个注册资本2万元的小型交换机代理商到一面总资产上百亿元的民族工业的旗帜,实现了超常规发展。

100年前,美国标准石油公司有一位小职员叫阿基勃特。他在出差住旅馆的时候,总是在自己签名的下方,写上"每桶4美元的标准石油"字样,在书信及收据上也不例外,签了名,就一定写上那几个字。他因此被同事叫作"每桶4美元",而他的真名倒没有人叫了。

公司董事长洛克菲勒知道这件事后说:"竟有职员如此努力宣扬公司的声誉,我要见见他。"于是邀请阿基勃特共进晚餐。不久,阿基勃特成为美国标准石油公司的股东、董事会成员。后来,洛克菲勒卸任,阿基勃特继任第二任董事长,后来成为标准石油公司历史上贡献最大的董事长之一。

六、回到根本:务必保持谦虚谨慎的作风,务必保持艰苦奋斗的作风

2004年10月,我去中国著名佛教圣地普陀山,在缆车上看到了几排军营。这是我离开军队10年后,再次近距离观看基层营房。陪同我的一位朋友曾在这里当兵,他指着一片地告诉我:那

是连队的菜地，那是连队的猪圈。

我感叹道：部队现在还养猪种菜呀。我从当兵开始，直到成为带兵的人，成为企业的人，中国社会生活水平有了极大提高，部队官兵物质待遇也有了极大提高，但解放军基层连队种菜、养猪，基本没有改变。

其实，自1927年南昌起义以来，军队的武器装备、军人的生活条件已经发生了根本性变化，但是，解放军许多传袭下来的基本东西并没有变。

这是为什么呢？

1949年3月，毛泽东语重心长地向全党特别是高级干部提出：中国的革命是伟大的，但革命以后的路程更长，工作更伟大，更艰苦。这一点现在就必须向党内讲明白，务必使同志们继续地保持谦虚、谨慎、不骄、不躁的作风，务必使同志们继续地保持艰苦奋斗的作风。

这些年，整个国家都在变，但却始终脚踏实地地坚持"两个务必"，让组织成员始终警醒的，依然是解放军。

国际、国内的环境变了，生活方式变了，兵源变了，连兵役制度也从义务兵向职业军人制度转变了，但是，解放军基本的东西依然没有变。翻开由解放军总政治部制定下发的政治工作指示，"解放军光荣传统教育"、"艰苦奋斗教育"、"党指挥枪教育"等仍然是每年部队教育不变的主题。

对大多数企业家和企业管理者来说，什么支撑了企业的成长？答案是明确的，**是赢利支持了企业的成长，而不是企业发展支持了企业的成长。**

一个企业要想保持赢利能力，管理者和员工应该始终保持创业时的激情、创业时的心态。但实际上这很难。

蒙牛在中国的崛起是一个奇迹：十几个人、集资1000万元，用了不到5年时间，打造出一个产值50亿、企业价值超过百亿的企业。对此，董事长牛根生先生深有感触地说："没有使命的企业走不远。以我办企业的体会，**使命是企业的灵魂。没有使命的企业是生存不下去的，更别说做大了**。拿蒙牛来说，在很多人看来，蒙牛的发展是个奇迹，可我从不这样认为。蒙牛的成功从宏观上讲，是得益于我们所处的是个伟大的时代；从蒙牛本身讲，我们这些人是怀着'强乳兴农'的使命意识来做企业的。正是有这个使命，才凝聚了管理团队，凝聚了员工。大家朝着一个共同目标，克服了企业创立之初难以想象的困难，在超速成长的同时成为西部最大的造饭碗工程。"

仅有使命还不行。世界上有许多为了一个远大使命创立的组织，却在辉煌中分崩离析了。为什么？**组织和组织成员永远都应该具有一种创业心态，保持组织创立之初的那种朴素和激情**，否则，企业便不再年轻，而**一个失去了青春和活力的企业是不可能有竞争力的**。

七、为谁服务：有效市场

解放军这个组织的成功，在于它一直把"为人民服务"作为其组织活动的核心宗旨。这让我联想到，邓小平同志之所以成为中国改革开放的总设计师，并使中国人民走上富裕之路，在于他内心深处的特定情怀，他曾多次表白：我是中国人民的儿子。

1921年，中国共产党创立之初，面临的一个重要问题是"为谁服务"的问题。按照马克思的经典理论和苏联共产党推翻沙俄政权的成功实践，共产党首先是无产阶级的政党，应该把革命的重点放到大中城市。早期的中国共产党人为此进行了极为艰难困苦的探索，甚至付出了巨大的血的代价。从1927年秋收起义开始，以毛泽东为代表的中国共产党人开始走出一条把马克思理论与中国实际相结合的道路，就是把农村、农民作为我党服务的对象，走出一条农村包围城市的道路。

历史证明，这是条通往成功的康庄大道。

美国联邦快递公司是退役空军上校弗雷德·史密斯于1971年创办的企业。截至2006年年底，联邦快递已经拥有670架飞机以及26万员工，是全球最大的快递公司。弗雷德·史密斯在谈到如何成功创办企业时说：首先，必须针对特定客户的需求，有切实可行的产品或服务，**要明白谁是你的客户，你在为谁服务**。其次，需要按照军队的方法把一群人集合起来并服从于组织目标。要让他们心甘情愿地跟着你干。再次，要有一套管理体系。

从管理学角度说，任何组织都不可能满足所有人的需求，所以，其所服务的对象一定是"特定"的。用管理的语言来定义，客户是"分众"而不是"聚众"的。比如一家服装公司生产某种类型的服装，不可能满足从老年到儿童所有顾客的需求。既然不能做到，那么这家服装公司在推出一款服装时，首先就需要确定自己的服务对象是男性还是女性；如果确定是女性，还要确定是什么年龄段的女性；确定了年龄段后，还要确定是什么体型、从事什么职业，等等。只有搞清楚这些，这款服装才具备了上市的前提条件。

市场是细分的，客户也是分类型、分层次消费的。

科特勒是美国营销学专家，他提出并倡导的"4P"营销理论，可以说是市场营销理论的"第四次革命"，被商学院奉为营销管理圭臬，他也因这一贡献而被称为"营销之父"。"4P"理论简而言之就是：我能生产什么产品（Product），定什么价格（price），用什么销售渠道（place），如何促销（Promotion）。科特勒说："营销就是为人民服务。"

2006年，在北京举办的一个营销论坛上，北京大学一位教授问："科特勒先生，您最近在读什么书？"

科特勒回答："我在读罗斯·特里尔写的《毛泽东传》（注：

人民文学出版社 2003 年翻译出版)。"

我非常好奇地地问:"为什么要读这本书呢?"

科特勒非常认真地答道:"一个年轻人,用阶级分析的方法,以'阶级'为变量,把他所要建立的这个组织应该为谁服务,谁是组织的核心(革命的主力军),谁是团结合作的对象(需要团结的同盟)等等,分析得清清楚楚。这也是毛泽东取得革命成功的原因。"

作为企业,产品要销售给谁,为哪些顾客提供服务,哪些企业是合作对象,哪些企业的产品是竞争对象……这些都是企业经营中经常面对的问题。从这个意义上说,企业也是"为人民服务"。

在一个市场经济环境中,消费者对企业和其产品的认可是用"购买"来表决的,企业、产品的市场地位依赖于消费者用"人民币"表决。好的产品是消费者用人民币买起来的。生产的产品没有消费者购买,企业面临的就只能是关门。所以,好的企业也是消费者用人民币买起来的。满足消费者的特定需求,让更多的消费者用市场方法——掏钱购买你的产品,企业才有生存的基础。企业没有好的产品,不能全心全意地为顾客提供好的、增值的服务,消费者是不会买账的。

从企业营销角度来说,顾客一定是"分众"而不是"聚众"。一个企业要生产好产品,首先要确定是为市场上的"谁"服务,满足他们什么需求。好的、成功的企业,通过对社会资源的整合,生产出顾客需要的产品,使企业有了赢利,赢利成为支撑企业继续发展的血液;实现了税收,为区域和全国人民服务;通过提供就业岗位和支付员工工资,为本企业员工服务。当然,不能生产出适销对路产品的企业,社会也不会给他们资源,这样的企业也就失去了在市场环境下生存发展的基础。

从这个意义上说,企业的经营过程,是用市场的法则"为人民服务"，从而回报社会的过程。作为一个组织，"为人民服务"，是要**正确区分"市场"与"有效市场"**的。我们所处的这个市场确实很大，漫无疆界，**但真正属于你的有效市场**却**很有限**。所以，这个市场一定是"分众"的，而不是"聚众"的。如同一位情窦初开的年轻人，他会发现窗外美女如云，可当真正需要寻找到自己的另一半要结婚时，却发现适合自己、能够步入婚姻殿堂的人选极其有限，有人甚至要穷尽一生来苦苦寻找。

确定好自己所要服务的对象，是企业成功的基础。招商银行是近些年发展很快的一家城市股份制银行，其所以有这样的发展业绩，主要在于其定位：为城市中高端客户服务。

如家经济快捷酒店的发展是近年来中国市场上的又一个神话。这家成立于2002年的酒店，用不到4年时间打造成中国市场上最大的经济快捷酒店连锁集团。究其成功之道，创业股东沈南鹏说：主要是我们定位准确。我们看到中国经济快速发展中商务旅行这个市场，为商务和休闲旅行等客人提供"干净、温馨"的酒店产品，倡导"适度生活，自然自在"的生活理念。说穿了，是为"商务和休闲旅行客"服务。

著名管理学家德鲁克曾说："要了解一个企业，我们必须从了解它的目的着手。企业的目的必然定位于企业的外部。事实上，由于企业是社会的一个器官，企业的目的必然居于社会之中。因此，企业的目的只有一个正确的定义：**创造顾客**！"

宅急送总裁陈平在谈到他们的业务定位时笑着对我说："我们是城市间信函和包裹的承运商，为确定这个业务定位，我们花费了3年时间，也交了不少学费。"

宅急送是成功的，他们**创造**了**特定的客户需求**。

第二章 关心士兵生活

——让成员分享组织成长的果实

解放军是个具有远大理想的组织，同时，解放军也是一个十分重视、关心成员物质利益的组织。在人类组织中，一个具有理想主义色彩又有现实主义精神的组织，是不可战胜的。

解放军就是这样一个组织。

一个没有使命的组织是走不远的，而一个忽视了组织成员物质利益的组织则是没有生命力的。一个好的企业，商业运营的成果是业绩，而好的业绩不仅包括好的财务业绩，还应该包括股东回报率与员工满意度。从原始社会开始，人类所有组织的产生，其最终使命都是为了使所有组织成员"过上好日子"。从这个角度上说，人类任何形式的组织，其基本目的都是为了使组织成员能够生存、生活得更美好，否则，有多少人会加入这个组织呢？

邓小平曾说，不重视物质利益，对少数先进分子可以，对广大群众不行；一段时间可以，长期不行。革命是在物质利益的基础上产生的，如果只讲奉献精神，不讲物质利益，那就是唯心论。

解放军是个非常重视成员物质利益的组织。这也是在动荡的社会中，为什么解放军能够吸引聚拢成千上万成员的主要原因。

第二章　关心士兵生活

参加红军打土豪分田地！

参加红军吃大户！

参加红军能升官！

……

这是在 2004 年 5 月，我先后到井冈山和四川东北部的大巴山区旅游时，看到的在被岁月冲刷了昔日光泽的山区墙壁上依然保留着的一些红军时期的标语。我惊奇的不是经过半个多世纪的岁月冲刷，标语依然清晰，而是两个地方的标语竟有许多如出一辙。这倒使我想起刚当兵时，部队中的那些打江山的老兵。这些人出身贫苦、文化不高。我曾问过其中一位红军时期的老战士：当时为什么参加红军？老人告诉我：红军的人来了说：想吃饱饭、想要土地的，参加红军。我想吃饱饭、想要土地，就参加了红军。

解放军的成功，在于它从不避讳组织成员的物质利益，在于它正确地处理了组织使命与组织成员物质利益间的关系。

解放军打败蒋介石的主要武器之一是中国共产党制定的土地政策。据说，蒋介石兵败台湾后反省失败原因，第一条是，"孙中山先生三民主义之一的民生没有搞好"。

企业的诞生，是源于人类为了创造更多的物质价值、创造更美好的生活这个目的。所以，从投资者创办企业的角度说，是通过赢利实现利益；从员工的角度说，是通过付出劳动、智力，换取报酬。**一个不能赢利的企业，没有存在的价值；一个不能给员工以物质回报的企业，谁还愿意为他付出劳动和智力？**

一、为什么参加红军：过好日子

80 多年前，当共产党解放军还很弱小的时候，人们为什么要跟着共产党、参加解放军？答案是：为了过上好日子。

向解放军学习

解放军是这样一个组织，它的建立，是靠一种崇高的政治使命。没有"为人民服务"这个政治使命，解放军不会走过80多年跌宕起伏的历程。但仅有这个也不行，尚不足以聚集起成千上万的青年为之流血牺牲。解放军是个非常注重和关心组织成员物质利益的集团，并在80多年的历史中，让绝大多数组织成员在物质利益上分享到组织成长的果实。

20世纪70年代末，中国社会开始了巨大的变革——改革开放。这是一场持续至今，使中国实现富裕梦想的革命。在改革开放的大潮下，解放军开始了一场"军地两用人才"培养活动，使服役的士兵在服役的同时，具有了一门社会生存的本领。应该说，我就是这项工作中千千万万个受益者中的一员。军地两用人才的培养使官兵具有了适应市场经济发展的本领。

优秀的、具有竞争力的组织，能够为组织成员造梦。在一个物质的社会中，无须讳言，绝大多数成员的梦是物质的。组织忽视了成员的物质利益，便失去了凝聚组织成员的基础。

企业也是一样。员工加入企业，第一个目的是为了生活，为了赚钱。这是最正常不过的。**重视员工利益是企业创建、发展的题中应有之义。**

企业的建立，是人们希望通过这种经济组织形式完成单个人、单个家庭、单个组织所无力完成的财富创造的活动。给所有参与企业者——投资者、股东、雇员、管理者以及社会予以回报，是企业的责任之一。

须知：**一个没有物质回报、忽视员工物质利益的企业，是注定无法生存的企业；一个不能与员工分享企业成长果实的企业，是注定做不大、走不远的企业。**

100多年前，现代企业制度刚刚建立。世界资本主义在原始积累财富的过程中，对工人残酷剥削，引发了社会动荡。马克思由此指出了资本主义必然灭亡的结论。资本主义通过萌芽、成

长，在制度完善中发现，只有给成员合理的物质待遇，企业才能生存，社会才能稳定。特别是二战以后，跨国公司在制度上强调了企业与员工收入共同增长，从而保证了企业的生存，也间接促进了社会稳定。而我们现在的一些企业所有者，只注重赢利，而忽视员工利益，从而制约了企业的健康发展，应引以为戒。

二、从分"伙食尾子"开始：获得回报

1927年9月，毛泽东率领秋收起义部队在三湾实施了著名的"三湾改编"。在加强党对军队的领导的同时，部队在各连队建立了士兵委员会。士兵委员会在共产党领导下，实施政治、军事、经济民主。其中，经济民主是士兵参与清理账目，管理伙食。每个月，连队精打细算，可使伙食费有一小部分的节余，经过士兵委员会讨论，均分发给包括普通士兵和高级将领在内的就餐人员零用，名曰"伙食尾子"。在这种官兵一致的民主制度下，部队面貌焕然一新。红军的物质条件虽然菲薄，但个个精神饱满，作战勇敢。

我曾在"红一师"师史中看到了几次著名的分发"伙食尾子"的记载：

1934年10月，中央红军开始长征。该年年末，当红军突破湘江封锁线，到达贵州境内的乌江南过新年时，部队公布了12月份伙食账，将节余下来的钱每人分给5角钱做"伙食尾子"。1935年1月，红军攻占遵义城，中共召开了具有伟大历史意义的遵义会议。为庆祝，部队每人又分了5角钱的"伙食尾子"。同年6月，部队抵达川康边境的天全、芦山一带时，经济委员会对这一段时间的伙食进行结算，每人再次分得5角钱的"伙食尾子"。就这样，总司令朱德和全体官兵一样，半

年每人共分到1元5角钱的"伙食尾子"。

2003年,中国社会科学院曾搞过一次职工调查,在"你最希望企业做的事情"选项下,90%以上的职工填写道:**按时发放工资**。

尊重并关心成员物质利益,应该从最基本处开始。

投资者办企业,是为赢利;员工进入企业是为获取报酬,来实现在社会中生存和发展的目的。当然,这种自然、自私的目的所形成的合力,客观上又通过企业的产品服务于顾客、服务于社会,实现了提高社会生活和生存质量的结果。在这个链条中,企业为员工提供较好的生产、生活条件(包括薪酬),员工则通过自己努力,付出体力、智力回报企业。二者的良性互动,使"企业靠员工发展、员工靠企业生存"得以在不断提高中实现。

实际上,企业由于员工努力提高效率、创造社会财富,实现优质产品与税收,客观上完成了组织的"为人民服务"。

三、发动群众搞土改:合理的薪酬

解放军在成立开始的20余年历程中基本上始终在战略上处于劣势。其转折,是在东北立足、发展的1947年。从这一年开始,解放军从数量和质量上绝对超过了国民党军队。但是,有一段历史细节往往被人忽视,而这个细节,却决定了这个转折。

抗日战争胜利后,中国共产党制定了"向北发展,向南防御"战略,当时选派了大批人员奔赴东北。

当时,国民党也看中了东北。美国人也派遣飞机、轮船,急速调运去数十万装备精良的国民党部队。

国共双方在东北展开厮杀。由于部队装备、兵源等诸多问题,先期占领东北的解放军,很快被国民党逼到了北满一带。

当时,东北群众对全副美械装备武装起来的"国军"热烈欢

第二章 关心士兵生活

迎，而对身着土灰布军装、武器也很旧的共产党军队，则比较冷漠。这也是解放军先期在东北失败的原因之一——缺少群众支持。

1946年7月，中共东北局召开扩大会议，讨论通过由陈云起草的《东北的形势与任务》（简称"七七决议"），强调发动群众搞土改、建立根据地的必要性。

记得年轻时曾看过一部小说《暴风骤雨》，讲的就是东北土改的故事。

1948年，辽沈战役打响，解放军喊出的口号已经是"保卫胜利果实"了。那些分到了土地、当家做主的农民，把丈夫、儿子送到了共产党领导的部队中，成为消灭国民党军队的主力。

1949年，东北解放军入关。这时的第四野战军已由3年前解放军进入东北时的10万人发展到120余万人的队伍。

没有土改，就不会有广大农民参与到这个组织中来。

企业的凝聚力，一方面来源于企业的前景，员工为了发展与梦想而工作；另一方面，则源于企业的物质待遇。我们常常发现这样的事情：处于上升期的企业，由于市场竞争的需要，员工的报酬并不高，但由于有预期，企业对其照样有吸引力。但**在市场处于低谷、企业处于困难的时候，**企业反倒**需要格外注意员工的物质待遇问题。**

香港特别行政区前行政长官董建华先生是个非常优秀的企业家。1986年，国际市场出现周期性变化，航运市场处于低谷，而东方海外公司由于在市场高潮时期造了大量高价船，此时给经营造成巨大困难。面对企业困难，董先生作出的第一个决定是，按照惯例为员工加薪。这一举动，感动了员工，也为企业保留住了人才。10年后，国际航运市场再次处于低谷，董先生对来拜访的中远集团总裁深有感触地讲：企业处于顺境时倒不见得非要加薪，但企业困难时，是万万不要减薪的。

企业界有个著名的"华为晒钱"的故事。华为老总任正非在

让成员分享组织成长的果实

创业初期面对新招来的大学生说："你们以后一定要买大阳台的房子。将来钱多了如果发霉，就把钱放在上面晒晒。阳台小了晒不下呀！"

我第一次听到这个故事后，不由笑出声来。但冷静下来认真思索后发现，这个小故事背后蕴涵了大的道理。他迎合了当代大学生的物质需求目标，并把这个目标用一个浅显的故事诠释出来。有时我想，这是华为版的"打土豪分田地"——否则，大学生们为什么要进你这个企业呢？

企业战略是让许多人激动的话题，也是近年来的一个热门话题。但什么是战略呢？战略的起点、过程和终点又在哪里呢？很少有人深思这个问题。我以为，企业的战略是企业组织、股东（投资者）、企业所在社区等等方面利益的博弈和平衡。中国人造字很有意思，"略"字的左面是"田"，右面是"各"。在这里，"利益"这个东西用通俗的话说，就是"田地"属于"所有人"——这是生存之本，是"皮"。而其他则为"末"、为"毛"。失去物质这个本，其他一切将不复存在，"皮之不存，毛将焉附"？

近些年，我走访了数十家分别位于长三角和珠三角地区的企业，了解到，困惑许多企业的问题是：招工难。为什么会出现这种现象呢？原因就是低工资。由于近年来中国整体经济的蓬勃发展，市场进行要素配置，使民工向相对高工资区域流动。长期低工资制度使部分区域失去了招工的竞争力。因为，市场经济配置的一个非常重要的原则是：供需双方都可以用脚来投票。

四、领6块钱的津贴：让成员分享快乐

解放军能够让组织成员分享到组织成长、成功的快乐，是其成员积极参与组织行为的重要原因。

这种分享，从精神方面说，是对组织成功荣誉的分享：士兵以到有荣誉的部队服役为荣，以所在部队战绩突出为荣。从物质方面说，则体现为军队这个组织对成员物质利益的关心和关怀。

解放军的缔造者们深知：没有一定的物质利益，是不可能聚集起来一支具有战斗力的部队的。当然，他们更知道，仅有物质利益也不能使这个部队"具有一往无前的精神，而绝不被敌人所屈服"。

我当兵时已经进入 20 世纪 70 年代中期，当时，战士除去每年发的军装，再就是每月 6 块钱的津贴费了。6 块钱人民币远高于当时中国普通农民的平均生活水平。所以那时，当兵是全中国人都非常羡慕的一件事情。随着中国人生活的改善、提高，近年来，解放军的物质待遇也在不断提高。从 2000 年开始，在部队士兵中实行军士制度，约 70% 的士兵成为拿工资的职业士兵。

企业的成长需要员工分享。让企业员工分享企业成长的快乐，是企业具有竞争力的基础。

世界上成功的企业莫不如此。

位居世界 500 强榜首的沃尔玛，是从一家小百货店开始创业成长历程的。为了使员工能与企业共同成长，在沃尔玛的术语中，公司员工甚至不被称为员工，而被称为"伙伴"。

这一概念具体化的政策体现为三个互相补充的计划：利润分享计划、雇员购股计划和损耗奖励计划。1971 年，沃尔玛实施了一项由全体员工参与的利润分享计划：每个在沃尔玛工作两年以上，并且每年工作 1000 小时的员工，都有资格分享公司当年的利润。截至 20 世纪 90 年代，利润分享计划总额已经约有 18 亿美元。此项计划使员工的工作热情空前高涨。之后，沃尔玛又推出了雇员购股计划，让员工通过工资扣除的方式，以低于市值 15% 的价格购买股票。这样，员工利益与公司利益休戚相关，实现了真正意义上的"合伙"。

向解放军学习

　　沃尔玛公司还推行了许多奖金计划，最为成功的就是损耗奖励计划。如果某家商店能够将损耗维持在公司的既定目标之内，该店每个员工均可获得奖金，最多可达200美元。这一计划很好地体现了合伙原则，也大大降低了公司的损耗率，节约了经营开支。

　　在沃尔玛，管理人员和员工之间也是良好的合伙关系。公司经理人员的纽扣上刻着"我们关心我们的员工"字样；管理者必须亲切对待员工，必须尊重和赞赏他们，对他们关心，认真倾听他们的意见，真诚地帮助他们成长和发展。

　　总之，合伙关系在沃尔玛公司内部处处体现出来，它使沃尔玛凝聚为一个整体。

　　一个只讲物质利益不讲使命的企业，肯定走不远；但一个只讲奉献不讲物质利益的企业，在现实生活中也生存不下去。

　　成员与组织共赢，是组织追求的一种至高境界。

第三章 三大纪律、八项注意

——组织要具有无性繁殖能力

组织的效率来自组织的执行能力。执行能力的具体表现就是"服从命令听指挥"。

如果出这样一道题：军人最鲜明的特点是什么？我想答案十之八九会是：服从。

服从具有两个层面：从个体来讲，服从是不讲价钱、千方百计地接受并执行的；从组织来讲，要让成员服从，你的"命令"必须是可以操作的。如同"齐步走"口令，在执行中包含了：

（1）士兵听到口令后先迈出左腿；

（2）每一步的步幅为 75 公分；

（3）每分钟的步频为 116 步。

这些内容需要组织的统一和规范。**没有统一和规范，执行就是一句空话**。规范使组织按照同一机制和程式发展、扩张，从而具有了无性繁殖的能力。**规范是组织做大的必要条件**。

解放军的"一切行动听指挥"，是建立在统一和规范基础之上的。只有制度化才能使成员的"服从"成为一种习惯和自觉。

服从是军人的天职，更是解放军这个组织具有效率的基础和前提。

成功的企业，其组织外部环境是依照市场经济方式进行资源配置，而其内部的资源配置绝对是"计划经济"，尤其是在人力资源上。**服从和步调一致，成为其取胜于市场的法宝。**

服从与执行，对企业来说更具有现实指导意义。现代企业发展的100年间，有一个现象非常有意思：一方面，外部环境的市场化程度越来越高，市场化发展成为企业家，而且是政治家追求和努力的目标。另一方面，主导世界经济主要力量的大企业，由于竞争和垄断需要，其内部资源的配置，计划性也越来越强。在企业外部，是市场配置资源；在企业内部，则主要是计划配置资源。由于这个特性，在企业内部，强调了一致和统一，强调了服从。在企业中，不是你愿意做什么，更多的是企业需要你做什么。

一、建章立制：没有规矩，不成方圆

规矩的制定是组织成员行为能够全体一致的前提和基础。实际上，任何组织都一样。要使组织成员——从数量上说是从"2到无限多"，能够具有统一的行为，组织者首先需要做的工作就是"建章立制"、确定游戏规则的工作。所以，一个明智清醒的管理者，其在组织建设上都把很大精力放到规则的制定上。

换一个角度说，使命和目标是指组织要干什么；而建章立制则主要是指这个组织和组织成员不能干什么。

某些时候，对一个组织来说，"不能干什么"比"能干什么"更重要。

1927年9月，毛泽东率领工农革命军从江西遂川县准备向井冈山进发。他向部队指出，如果没有群众的支持，红军是无法生存的，所以，要爱护人民群众。为此，他亲自宣布了红军的"三大纪律"：

第一，行动听指挥；

第二,打土豪款子要归公;

第三,不拿老百姓一个红薯。

此后不久,毛泽东针对红军部队中出现的一些新问题,又宣布了"六项注意":

第一,上门板;

第二,捆铺草;

第三,说话和气;

第四,买卖公平;

第五,借东西要还;

第六,损坏东西要赔。

红军的"三大纪律、六项注意"赢得了群众的真心信赖。当时流传着这样一首歌谣:"红军纪律真严明,行动听命令;爱护老百姓,到处受欢迎;遇事问群众,买卖讲公平;群众的利益,不损半毫分。"

1929年,毛泽东将"六项注意"改为"八项注意",增加了"洗澡避女人"和"不搜敌兵腰包"。至此,形成了解放军的"三大纪律、八项注意"的雏形。

1947年,随着解放军成为中国最具有竞争力的武装集团,解放军的大兵团作战对其自身的军事纪律、政治纪律和群众纪律提出了更高的要求。10月10日,毛泽东为中国人民解放军总政治部起草了重行颁布"三大纪律、八项注意"的训令,要求"以此为准,深入教育,严格执行"。

"三大纪律、八项注意"的重行颁布,对统一全军纪律,加强部队的思想和作风建设,具有重大的意义。可以说,许多中国人对解放军的最初认识,是通过对解放军"三大纪律、八项注意"的了解开始的。

企业同样需要自己的"三大纪律、八项注意"。

1985年，张瑞敏到海尔任厂长，他规定的第一条纪律竟是"不准在车间大小便"。20年后的今天，我们听起来可能感到有些可笑，但事实是，没有"不准在车间大小便"这条纪律，就不可能有海尔的今天。

联想董事局主席柳传志也是从制定"小"规定开始带领联想开始国际化历程的。柳传志自己讲：由于是知识分子办企业，最初大家没有时间观念，开会经常迟到早退。为此，他规定：谁迟到，谁罚站。但第一个犯规的是柳传志的老朋友、公司副总经理。怎么办？柳传志硬着头皮执行了纪律，自己也吓出了一身汗。

15年后，2004年底，当联想宣布收购国际著名IT企业IBM的全球PC业务时，尽管有人怀疑这个"蛇吞象"能否消化，但没有人质疑联想已经成为一个国际化的大公司。

二、军令如山：服从就是尊重自己

制定规矩，目的是组织成员要全体一致地遵守。从另一个角度看，如果说不想当将军的士兵不是好士兵，而不能自觉遵守组织规定（纪律）的士兵，是不可能当上将军的。所以，服从命令听指挥，不仅是口头上，更是行动上的。10年前，我退役到企业工作。当部属问我什么是服从时，我告诉他们：**服从就是在执行中不问为什么，只想怎么干。**

服从从最基层开始。自从人类以组织的方式实现个人无法达到的目标，管理活动就成为人类社会各种活动中必不可少的因素。而管理的前提，是组织内的个体意识服从于群体意识。

我刚参军到部队，班长对我们这些新兵说：新兵怕炮，老兵怕号。意思是，新兵听到炮响，浑身就哆嗦；而老兵听到军号响，就一激灵。

第三章 三大纪律、八项注意

开始我不大明白,但吃了几年军人饭、自己也成为一个老兵的时候,明白了个中道理。军号就是命令,而命令是需要"令行禁止"地执行的呀!

军人的一天是从接受"号令"开始的:

起床号响起,起床,一直到熄灯号响起,就寝。指挥官发出"稍息、立正"口令,队列中的人按口令指示操作。

新兵到部队后,班长上的第一堂课就是:服从。在军中,服从是无条件、不能讲价钱的。服从中,不要问为什么,只需集中精力考虑怎样完成。

命令就是命令!只有服从!只有懂得服从命令的士兵才有可能当上将军。

一切行动听指挥,从尊重领导开始。

我是从解放军的一个基层作战连队的普通士兵一步步走到解放军高层领导机关的。我看到、接触到,甚至是直接体验到:将军之路是从服从班长开始的。

军中有句俚语:

要想干得好,班长得汇报;班长不汇报,连长咋知道?

尊重上级,是组织中成员要学习的第一课。

万科董事长王石是军人出身的企业家,被尊称为"房地产界的登山勇士"。2003年5月,王石成为第一个登上喜马拉雅山顶峰的企业老总。据媒体透露,就是在这次登山中,由于登山队长不让王石登顶,王石向队长发了火。按照行规,在登山队,前方队长有绝对权威。王石发火之后非常后悔,当场道歉。为缓和气氛和弥补自己的过失,第二天早晨,王石悄悄把队长脱下的臭袜子洗了。

尽管绝大多数"班长"的人生辉煌、职场荣耀,在班长这个位置上戛然而止,但班长是每一个走上将军之路的士兵的第一个上级。人生之路必须跨越的就是班长这个"坎"。如果没有班长的支持、保护和"汇报",你再有本事也会被埋没,不可能走完将军之路。

在部队中,我也遇到过许多很有才华的人,他们的军旅生涯结束得很快。原因是他们埋怨自己遇到了一个能力不如自己的上级而"咽不下这口气",和上级产生了矛盾,最终选择了离开,以至于许多人年纪轻轻便在回忆中打发日子。

服从是人类组织都遇到也都需要强调的问题,**企业当然不能例外,必须要强调服从**。组织的成立就是为完成单个人、单个群体无法完成的目标而建立的一种人类生存形态。在这个形态中,服从是组织效率和个人社会生存的需要。

服从上级就是服从组织。我常常听到一些初入职场的人和一些管理者的抱怨:我的上级学历、能力都不如我,在这样的人手下干事感觉特别憋气。实际上,组织的功用恰恰在于此。组织不是个人,上级、领导在组织中所依赖的一群人是一个团队。上级和领导的选拔,是组织的行为;上级和领导的决策以及管理,其所依靠的是一个系统。因此,在其信息占有、经验以及能力上,其正确的概率要高于部属。这早已为人类组织所证明。

服从上级就是服从制度。组织的运转靠制度。20 世纪 80 年代中期,一些年轻的军官热衷于研究学习美国著名将军巴顿。记得当时读巴顿《我所知道的战争》一书时,有这样一段描述:一次,巴顿所在师需要提拔一位军官。究竟提拔谁呢?巴顿把提拔候选人集合到一起,给他们提出一个需要解决的问题。巴顿说:"伙计们,我要在仓库后面挖一条战壕,8 英尺长,3 英尺宽,6 英寸深。"巴顿只告诉这么多。巴顿提前进到仓库,通过窗户孔偷偷观察这些军官。他看到这些人把锹镐放到仓库后面的地面上,休息几分钟后,开始议论:为什么要他们挖这么浅的战壕?有的说 6 英寸深怎么能当火炮掩体;也有的说,这样的战壕太热或者太冷;还有的抱怨,为什么让他们这些军官干挖战壕这么普通的体力劳动？终于，有个军官对大家说："让我们把战壕挖好后离开这里吧。那个老家伙想用战壕干什么都没关系。"巴顿最终提拔了这个人。我曾经问过几位参加过长征的老同志，长征初期他们知道部队上哪里去吗？这些老红军的答复如出一辙：不知道，我只是跟着走。服从组织，就是"跟着组织走"。在生活中我们喜欢问个为什么，但在组织实际运转中，由于层级等等原因，位于低层级的人，很难全面掌握组织的战略动态，这个时候，组织成员需要"跟着走"。

服从上级就是服从人性。人性有善恶。领导也是凡人。在组织中如何抑制上级人性中的恶，弘扬上级人性中的善，是职场中必须要解决的一个问题。有些年轻人经常遇到的问题是：为什么我的上级总给我穿"小鞋"？那么，你自问没有：你尊重或者服从这个上级了吗？服从时是心悦诚服吗？在生活中，我们可以决定娶什么老婆，但是不能决定岳父岳母是谁；我们可以决定加入什么组织（公司），但无法决定上司是谁。而且，上司是经常会变的。**一个优秀、成功的组织成员，应该善于把领导变成自己成长中的伯乐**。在职场生涯中，那些职场胜利者的成功经验是：如果上级能力不如自己，最好的办法是千方百计地使他得到提升，最终离开本部门。

- **尊重领导、尊重班长的道理，是靠教育使员工懂得的。**

联想集团董事局主席柳传志曾说：中国的职业经理人应该懂得尊重出资者，尊重老板。其实，何止是职业经理人，企业的员工也必须学会用平和的心态尊重老板、尊重上级、尊重财富。

这是成熟企业的员工应该具有的成熟心态。

一些年轻的大学生们常常问我一个问题：为了组织的利益，能不能向上级提建议、提意见呢？

毫无疑问，**能够及时向上级提出自己的想法，既是任何组织对成员的要求，也是组织成员忠于组织的表现**。但恰当有效地提

组织要具有无性繁殖能力

出建议，不仅需要忠诚，也需要正确的方法和艺术。方法不对，有时不仅起不到作用，而且常常造成领导、上级对你的误解，结果会适得其反。什么是正确的方法呢？第一，在组织的决定、命令面前，必须尊重上级的想法，这是前提。第二，在提出意见和建议前，需要认真检讨自己的思路，完善自己的想法。必要的时候还需要认真做些调查研究。毛泽东同志曾指出：没有调查，就没有发言权。力求使自己的建议和意见尽可能的全面和准确。第三，尽量采用书面形式，充分表达，简明扼要。第四，需要选择恰当时机。第五点非常重要：无论自己的建议、意见如何，在领导和上司没有改变原决策之前，都要坚决履行职责，执行上级决定。

三、一切行动听指挥：有效执行

一只表可以报时，两只表在一起怎样确定时间呢？

在我服役的解放军"红一师"流传着这样一个红军长征时的故事：

1935年，中央红军长征到了四川大渡河。在前有堵截后有追兵的情况下，如何能占领大渡河上唯一的铁索桥成为关键。在确定任务和作战时间后，毛泽东对林彪、彭德怀等众将领说：我们以聂荣臻同志的表为准，各部队天亮前必须到达指定位置。现在大家对表……

对表既是解放军各级组织经常性的一种活动，也是解放军作战训练中必要的一个环节。**在一个有效率的组织中，谁的表准并不重要，重要的是要明确以谁的表为准。这是组织能否具有效率的关键。**在这个前提下，指定（授权）一只报时的表成为必然。

解放军组织的执行系统是非常明白个中道理的。我们在观看

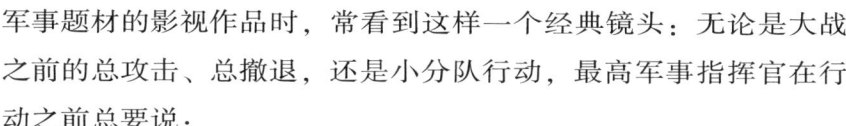

第三章 三大纪律、八项注意

军事题材的影视作品时,常看到这样一个经典镜头:无论是大战之前的总攻击、总撤退,还是小分队行动,最高军事指挥官在行动之前总要说:

我们对表。现在的时间是……

其实,这个时候,谁的表是天文时间已经意义不大。时间在整个执行环节中,已经成为服从于有效执行的工具。在军队中,有时为了保密,除去天文时间,作战部队还制定了自己特有的时间:作战时间或演习时间。而这个时间的确定(约定)权力,就在最高指挥官手中。

我们发现,许多企业把执行中"时间"的确定机械化了。他们追求的是怎样确定准确的时间。其实,时间的准确与否是个相对的概念。

我们可以套用一句俚语:

说你的表准你的表就准,不准也准;

说你的表不准你的表就不准,准也不准。

当然,这里有个关键:谁有权说?

当然是企业的所有者了。

组织运行是个层级管理的体制,任何组织概莫能外。"一切行动听指挥",要求组织成员能按组织规定和号令行动。但在一个多层级的组织中,这种号令是如何有效传达的呢?答案是:授权。

企业作为赢利性组织,其根本目的是股东利益最大化。为达成这种最大化,企业的决策权力在代表股东利益的股东会,股东大会授权公司董事会为公司决策层。这里有个问题:决策确定了的目标,在组织运作上该由谁来执行呢?答案是:强有力的经营管理层。

从这个意义上说,企业绝对不应该是议会方式的组织,而是一个类似于寡头的组织。

曾做了几十年参谋总长，并三战三胜帮助威廉一世建立德意志帝国的毛奇，对军队统一指挥原则有极深刻的见地：

（1）战争不能通过会议方式领导，必须有人说话作出决策；

（2）参谋长以及指挥官的参谋仅仅是指挥官的顾问；

（3）即使是蹩脚的计划，如果能彻底执行也比计划优秀但执行者犹疑不定要好得多；

（4）必须在统一的作战原则下，鼓励指挥官发挥主动精神；

（5）上级对下级的命令越少、越简单越好。

一切行动听指挥，不仅靠觉悟、靠常识，更要靠制度。没有一个保证能够"一切行动听指挥"的制度，是不可能建立起能够执行的体系和文化的。

为保证能够"一切行动听指挥"，解放军把管理者分为三个层级：

第一，高层管理者。这主要是指集团军以上的将领们（军衔上，从少将到上将）。他们在军队中主要从事决策、引导、协调工作；战区以上的将领主要负责制定法规制度，并对实施起监督作用。

第二，中层管理者。主要是师、旅、团的校官们（军衔上，从中校到大校）。他们在军队中主要从事计划、组织、沟通、治理等工作，在决策、监督等方面也起一定的作用。

第三，基层管理人员。主要指营以下领导，包括连排和班长（军衔上，从少尉到中校，主体是士官）。他们主要执行、贯彻上级的指令，带领部属实现既定的管理目标。

在组织建设上，纵向看，军队的组织有决策层、执行层和操作层，但每层的角色又是相对的：他们相对于下级，是监督层、决策层；相对于上级，又是操作层、执行层。

在组织建设上，横向看，有参谋部、政治部、联勤部和装备部，他们保证和监督决策的落实。

与此相对照，现代企业管理有四项基本原则：

原则一：该谁干？这是组织管理中的首要问题。有的组织是先找到合适的人，再开展这项工作；有的组织是先让人员干起来，再分配合适的工作给"干事的人"。

原则二：怎样干？作为组织，应该有自己的"规矩"、"操作手册"和"路线图"。组织是人群的集合，要让找到的合适人选有"操作手册"，并按手册操作，保持组织的一致性。

原则三：干到什么标准？找到的人按照规定的方法，达到预定的目标（标准），是组织管理的目的。实施，则是组织的绩效考核。

原则四：谁有权检查（向谁负责，谁有权听汇报）？谁是组织者（领导）？这是组织管理活动开始的基本条件。

一位朋友在美国通用公司工作。他讲到一个情况：他报到的时候，人力资源负责人给他一张表，告诉他，向谁汇报（上级是谁），谁向你汇报（下级是谁），什么事情与谁协调（同僚是谁），以及每天需要做什么，每周需要做什么，每月需要做什么。然后问他：明白了吗？他说明白了。年底，人力资源部也是按上述内容考核。他感慨地说：越是大的公司，越简单。

其实，这些清楚了，管理自然就到位了。

华为今天的成功直接源于1996年开始的制度建设和全面优化管理。历时3年，1998年定稿的《华为基本法》完成了华为对自身过去与未来战略的系统思考，并形成了严格的管理范围和决策程序。在中国，很少有企业能将管理制度上升到如此高度并给予坚决的贯彻执行。

《华为基本法》虽然打下了管理制度化的基础，但具体怎样整体提升管理水平却令华为无从下手。由于缺乏经验，自己摸索无法在根本上获得突破，这迫使任正非反思："毕竟我们没有做过世界级企业，没有经历过成熟管理是怎样形成的，只有花钱去买人家成熟的流程管理，实际上是花钱买经验、买时间。"

在这样的背景下，1998 年，华为下大决心，斥资 5 亿元聘请国外管理咨询公司，全面改造华为的流程系统。这是一次脱胎换骨的改造。

他们首先从研发管理上开刀。过去，华为的研发体系经常出现两个后果：一是实用产品迟迟推不出来；二是摸不准符合市场需求的标准，产品一改再改，无法一步到位。早在 1997 年，华为已经尝试改革研发体制，专门收集过 IPD（集成产品开发）研发管理方面的资料，让公司高层一次次地学习，但这种摸索并未带来多大的成效。1998 年，华为聘请 IBM 管理人员为流程管理顾问，耗费巨资的 IPD 变革就此开始。2000 年，任正非在华为干部大会上没留一点余地："不学习 IPD、不支持 IPD 的干部，都给我下岗！"

简单地说，IPD 就是把以前由研发部门独立完成的产品开发任务，变为打通全流程、跨功能的各部门联合运作。华为以前的产品开发都在中央研究部，现在改由"产品开发团队"来承担。每个产品都有各自的开发团队，由研发、生产、市场、财务、采购、用户服务等各部门抽调的员工组建，就像一个个创业型的小企业，全程负全责。

IPD 说来简单，但如果想让其真正全面实施起来，整个企业从结构到文化都要随之进行相当大的改革。任正非对这一点看得很清楚，因此，他把实施 IPD 放在"华为 10 年改良计划"的第一步。现在，华为所有的新项目都导入了 IPD，牵涉到 IPD 变革的员工已占员工总数的 70% 以上。

为了保证能够将国际先进的管理体系不走样地移植过来，任正非下了死命令："5 年之内不许进行任何改良，不允许适应中国特色，即便不合理也不许动。5 年之后把人家的系统用惯了，我可以授权进行局部的改动。至于结构性的改动，那是 10 年之后的

第三章 三大纪律、八项注意

事情。"这便是任正非著名的"三化"理论：**先"僵化"接受，再"固化"运用，后"优化"改良**。这种态度坚决的流程改善和制度建立，保证了华为至今在持续超常规发展中没有出现过大的管理失误。

有效执行是所有组织和组织中的人都会遇到的问题。为什么全世界那么多有伟大战略目标的组织中，只有少数成功？为什么那么多怀揣着相同理想的个人，只有少数人成功？答案似乎只有一个：**有效执行**。研究表明，一个企业的成功，30%靠战略，50%靠执行力，其余的20%包含了机遇、环境等客观因素。这组数字说明，只有具备了坚强的执行力，才能使企业创造出成就和财富。世界上最优秀的人，就是想方设法完成任务的人，是不达目的誓不罢休的人；最优秀的人是为了一个简单的想法不断重复操作，最终实现的人。

那么，为什么有些组织的执行力强，而有些组织的执行力弱呢？近年来，我先后解剖了几家不同规模、不同行业的企业。深入研究后发现，从组织架构角度分析，加强执行力的要素有这样几个：

第一，组织的命令线必须顺畅。在组织架构中，首先需要架构组织的命令线。如同人体，当大脑发出指令后，通过神经系统，传达到机体的末端手、脚、皮肤等等这些具体执行单位。我们在构架组织体系中，组织中的董事会、经理层，以及高级管理者的命令，必须有一条清晰的通道能够顺畅地传达到具体操作的部门，传达到具体执行的个人。否则，便谈不上执行。

第二，组织的汇报线必须清晰。人类具有非常完善的组织体系，当眼睛、耳、皮肤这些感觉器官接受了外界信息后，通过神经系统迅速上传至大脑。组织同样如此，这就是汇报线。当高层下达指令到了执行层，执行层在执行过程中遇到诸如市场变化、竞争者动态以及执行中的资源配置、调度等问题时，向谁汇报、

组织要具有无性繁殖能力

053

谁听汇报、谁能决策并最终给出意见，这些都是组织中需要明确的。如果在一个组织中，所有高层都负责，人人都负责，实际结果就是人人都不负责。这必将给执行造成困难。

第三，绩效考核标准要统一。在组织中，有效的执行，需要有一个统一的评判标准。人不能同时拥有两种价值观，并在两种价值观下处理同一件事情，这样是无法对事情做出正确判断的。组织不能同时有两个截然相反的目标，这样的组织会无法前进，迷失方向。因此，在执行中，组织对执行着的评判标准不能有两个。**在企业中，应该始终贯穿的一个标准是效率优先原则**。如果在效率优先这个标准外还有一个甚至几个标准，执行结果可想而知。因为人们只找对自己最有利的标准去做。2005年，微软公司董事长比尔·盖茨决定把自己数十亿美金的资产捐献给基金，进行慈善事业。当时有微软员工提出，能不能少捐献一些，用来给微软员工增加工资。比尔·盖茨果断地说："不行。我们是企业，一定要始终贯彻效率优先的竞争原则。微软员工绝不能有不努力就能得到高收入的意识。那样，微软将失去竞争力。"

第四，信息情报线必须健全。在组织中，有了命令线、汇报线、绩效考核评价线，依然不能保证高效执行。为保证执行的效果，还需要有信息情报线。在人的机体中，这条线叫淋巴系统。人的皮肤能感觉冷暖，从而自觉增减衣服，但对病毒则是感觉不到的，这就需要以淋巴为主的免疫系统。这个系统，在国家，是国家安全部门——全世界所有国家除了军队、警察以外都建有自己的国家安全系统。在企业，应该是信息情报系统。这个系统是独立于企业职能部门以外的一个系统，它可以更公正、更全面也更准确地帮助管理者评价执行效果，调整执行方向、内容以及评价标准。很多企业把这条线延伸到中介服务机构——专门的市场调查公司、专门的企业战略、营销以及人力资源设计公司，等等。

第三章 三大纪律、八项注意

解放军这个组织的高效执行，就是依靠畅通的命令传达系统、严格的汇报系统、以战斗力标准为核心的绩效考核系统以及强大的侦察情报系统来保障的。

组织具有严格完善的执行体系，但并不是每个人都具有执行力；同样，具有执行力的人，执行能力也有高有低。

为什么会造成"执行不力"呢？第一，执行者任务受领不明确。许多人之所以在执行中出现问题，不是不努力，而是受领任务不明确，甚至在执行中违背了命令授予者的初衷。受领任务不明确，往往会出现"费力不讨好"的结果。比如，让他开拓北京市场，但他跑到南京去了。受领任务明确，需要准确全面理解领导意图，准确了解任务内容。否则，往往会做出费力不讨好的事情来。第二，是恐惧心理。在受领任务后，不是想如何完成任务，而是惧怕困难，被完成任务过程中的困难压倒，还没有开始，就先失败了。在生活中很少有被累死的人，而多的是被吓死的人。在军队中，倡导的是"流血流汗不流泪"，是"掉皮掉肉不掉队"，是"轻伤不下火线重伤不进医院"，是"这个军队要压倒一切敌人而不被敌人所屈服"，是"一不怕苦二不怕死"的精神。在执行中，士气往往比武器重要。第三，是有英雄情节。骨干和管理者尤其需要摒弃这种情节。在具体工作中，主要表现为忽视了组织的作用，过于显示"个人英雄主义"。一方面是过分依靠英雄员工，结果打击了大部分人的积极性；另一方面，则是自己本身就想成为孤胆英雄。个人英雄主义的结果，实际上都会成为项羽式的孤家寡人。

解放军的伟大，是这个组织的伟大，它造就了许多伟大的战士，如董存瑞、雷锋、王杰、麦贤得、欧阳海……但他们的伟大并非是与生俱来的，是这个组织使他们变得伟大。

所以，执行是个系统工程，执行是组织的执行。

组织要具有无性繁殖能力

四、"缸满院净":"露出你的上八颗牙"

制定了规矩,教育组织成员服从,授权有人监督执行,仅有这些还不够。组织的规定是要能够按标准操作的。

"一切行动听指挥",对于组织来说,行动应该有标准,并且**应该形成制度无条件执行。**

"每分钟116步,每步75公分"——这是对军人齐步走步频和步幅的规定。这个规定,使几百万军人能够步调一致地前进。

1990年,我参加了中国人民解放军第一支特警部队——某部特警团的组建。这支部队是从5个集团军、6个师、200多个连队抽调军官和士兵组建的。我清楚地记得,按照命令规定,所有人员在第一天报到后,第二天就开始出操,形成战斗力了。

军队组织与跨国公司一样,是可以自己"复制"、无性繁殖的。这就是为什么跨国公司能够把店开到全球的原因。军队有一套可以"复制"的制度、方法和文化。解放军之所以能够作到"一切行动听指挥",在于它的**一切管理可以量化**。我们部队驻守北方,每年要到野外驻训。几十年来主要是征住民房。由于军队的传统,驻训期间,有一个很重要的任务,是密切联系军民关系。部队各级政治机关还有专门负责军民关系的干部——群众工作干事。而检查的标准,是有没有"缸满院净"。

什么叫"缸满院净"呢?由于北方缺水,农村主要靠村中的水井吃水。战士们为房东挑水并保证水缸里水满,是每天必须做的事情;再一件,是卫生。凡是有部队住的院落每天都必须打扫。现在回想起来,我们每天做的"缸满院净",从个人角度讲有多大意义不好说,但数百万军队,每年、每月把小事情连续不断地做到如此,确是世界军队史的奇观,也足以看出解放军的伟大和不凡。话说回来,做到了,军民关系也好了。

第三章 三大纪律、八项注意

中国是没有经过彻底工业革命的国家，所以在管理上缺乏"科学管理"阶段的积累。受电影《摩登时代》的影响，我们大多数人认为，即使在大工业化时代，人也不应该是机器。但恰恰相反，在工业组织中，**人的作用可能就是一颗螺丝钉**。

在现代工业和企业管理运营中，如果管理过程和管理内容不能量化，不能用数字表达，这个管理方式是注定要在市场竞争中被淘汰的。

2004年夏天，我去一家企业讲课。这是一家从事连锁销售的企业。同国内许多企业一样，到处可以看到口号式标语。厂区显眼的地方挂着"顾客是上帝"的牌子，各办公室张贴着《服务守则》。我特别注意到，守则第一条是："员工要热情对待顾客。"

开始上课，我从"顾客是上帝"和《服务守则》谈起。我把沃尔玛"三米之内，露出你的上八颗牙微笑"与"员工要热情对待顾客"对比，问大家：哪个更"科学"呢？

结果，全场的人都"露出上八颗牙"，笑了。

我告诉他们：与"员工要热情对待顾客"的含糊要求相比，**"露出上八颗牙微笑"的量化要求就是科学管理**。

课后，老板很有感触地对我讲了这样一个被当地人作为笑话的故事。

> 麦当劳在当地种植了几百亩马铃薯。少雨的当地有一天下起了雨，在田里抽水灌溉的农民都停了电机。但人们看到，麦当劳马铃薯地中自动喷灌机又开始喷灌了。农民们笑说："老外"真傻，下雨还浇地。秋天到了，好奇的农民跑到"下雨还浇地"的麦当劳马铃薯地里，他们都惊奇了：这里的马铃薯不仅产量高，而且大小形状一样。其价格自然也高出当地农民马铃薯的数倍。

组织要具有无性繁殖能力

步调一致需要标准。没有了标准,组织就无法"步调一致"。

在管理上,跨国公司有个重要组织理念:无性繁殖。无性繁殖是说,一个组织需要有"自己复制自己"的功能。麦当劳的成功,就在于它对店面设计、汉堡包的大小、薯条原料的选择,在全世界的店都是一样的。这里没有特例。这种"一个标准",是工业化生产、管理和组织的先决条件。**企业要真正做大、做强,管理的标准化是基础和前提**。不具备这种能力,肯定做不成一个具有市场竞争力的大企业。

解放军的"步调一致",在于它所有组织单元执行的是同一个条令,这是共同的标准。

企业的"三大纪律、八项注意",是企业的岗位职责和流程两个标准。只有建立规范的岗位和流程标准,才能保证企业"步调一致",才能实现企业发展中的"无性繁殖"。

什么是岗位职责?简单地说,就是"该谁干",也可理解为"干什么"。

由于职责界定不清所导致的责任问题,一直以来是许多企业的老大难问题。一线出了问题报告主管,主管报告经理,经理报告部门长,部门长报告公司领导,说是层层负责,实际上是提交问题,上交矛盾。这是责任履行中非常普遍、非常典型的现象。出现这些问题的原因有许多,但最根本的在于没有职责标准,各层级不知道该干什么,也不知道该怎么干。由于标准不明确、不严格,甚至没有标准,做和没做、做好和做坏一个样,影响了执行效果。

什么是流程标准?就是"怎样干"。一些企业中不能说没有制度,但执行不好的原因之一,是只从制度上把权力划分了,但这件事究竟如何去实施,缺乏明确的业务流程规定,形成对人负责而不是对事负责的文化。往往出了成绩大家都去抢功,而出了问题大家纷纷推诿扯皮。追究起来,又找不到具体负责人。谁都负责，谁都不负责；谁都干，谁都可以不干。

如何建立企业统一的岗位和流程呢？

在我们的工作实践中，"标准"不是个陌生概念，但在企业标准实际建立过程中，我们经常遇到的是"部门标准"和"公司标准"，也就是局部标准和全局标准的界定。其实，从标准的概念上来看，本身并不存在"公司标准"和"部门标准"的对立。因为"公司"本身就是一个虚有概念、法人概念，公司由部门组成。公司标准一般是先由各部门制定，再以公司名义颁布。从这个意义上讲，部门标准也是公司标准。比如麦当劳的标准化手册，它是由总部不同部门制定、在全球3万多家分店使用、共同遵守的公司统一标准。

标准对组织来讲，通常具有"统一性"、"唯一性"。

一个偶然的机会，我遇到在安全管理方面的国际顶级企业杜邦的副总，他同我谈到企业如何"以人为本"问题时说：杜邦的以人为本，就是**告诉员工"该干什么，怎么干，干到什么程度"**。

五、从养成抓起：认真执行标准

一切行动听指挥，需要从细节、从养成抓起。使组织成员把"一切行动听指挥"变为自觉。

在解放军中，一个经常性用语是"抓作风养成"。能不能抓部队行为习惯的养成，是衡量军官有无带兵能力的标准之一。

饭要一口一口地吃，仗要一个一个地打，基础工作要一件一件地落实。养成，就是从细节入手，从每个动作举止入手，从每天入手，把"一切行动听指挥"化为具体、可操作的行为和规范。

在军队管理上，200多万军队，依据的就是3本共同条令：《内务条令》、《队列条令》和《纪律条令》。这是保证全军步调一致的基础。

解放军在规范军人一日生活举止方面规定：

练三相：坐、行、站；

振三声：口令声、呼号声、掌声；

纠三手：背手、袖手、插手；

去三长：长头发、长胡须、长指甲；

紧三带：鞋带、腰带、领带；

扣三扣：领扣、衣扣、裤扣；

行三礼：举手礼、注目礼、持枪礼。

每天只干一件事，每年只干一件事，一生只干一件事。始终如一，何事不成？我曾在解放军仪仗大队生活过几天，这是世界上最好的仪仗兵。为什么？一年365天他们只干一件事：队列训练。

部队管理出战斗力，企业管理出效益。军队的指挥者始终相信，科学管理出战斗力。企业管理100余年的发展，产生了这样那样的时尚主题和"秘籍"，但基础是企业的"科学管理"。什么是科学管理？我认为，**科学管理就是把复杂的事情简单化，把简单的事情可操作化，把可操作的事情度量化、数字化，把度量化、数字化的事情考评化——执行需要简单。**

美国著名管理学家西蒙认为：人们通常将管理当成"完成任务"的艺术来讨论。这种管理思路强调的是保证管理行为能深入开展的过程和方法。设定管理原则的目的是为了让团队成员采取协调一致的行动。

执行标准，注重细节，首先需要一种认真的态度。从管理角度讲，细节的完成，需要"**复杂的事情简单做**"——做成标准；"**简单的事情重复做**"——不断严格按照标准去做；"**重复的事情认真做**"——认真把事情做对，用心把事情做好。

半个世纪前，毛泽东同志曾指出：世界上怕就怕"认真"二字，共产党就最讲认真。在认真上，我以为还是要倡导**"三老四严"**的精神：当老实人，说老实话，做老实事；严格的要求，严密的组织，严肃的态度，严明的纪律。在认真上，我们依然要做到**"四个一样"**：黑天和白天干工作一个样，心情好和心情不好干工作一个样，领导不在场和领导在场干工作一个样，有人检查和没人检查干工作一个样。

六、八大军区司令对调：不能另立山头

"加强纪律性，革命无不胜。"解放军的"一切行动听指挥"，在于绝对的纪律性——命令和制度具有绝对的权威。

现代企业不同于现代国家，所代表的是一种类似于"封建时代"的结构。从政治上说，它是一种"寡头政治"，但作为一个经济体，它则表现出"寡头经济"。

军队与企业有类似的地方：军队不允许在组织中还有"亚组织存在"。换句话说，**不能允许有"独立王国"、"山头"和"利益集团"的存在**。解放军非常好地解决了中国军队几千年来存在的与国家相对的"家"军队现象。

1973年12月，毛泽东主持召开了一次政治局会议。会上，毛泽东提议全国各大军区司令员互相对调。根据政治局会议决定，中央于12月20日召开了八大军区司令员对调会议。毛泽东接见了参加会议的全体高级将领。

关于此次对调，有几点是非常特殊的：第一，下命令就走；第二，上任不准带秘书等人；第三，人走家搬。

对调的八大军区为：

北京军区司令员李德生与沈阳军区司令员陈锡联对调。

济南军区司令员杨得志与武汉军区司令员曾思玉对调。

南京军区司令员许世友与广州军区司令员丁盛对调。

福州军区司令员韩先楚与兰州军区司令员皮定钧对调。

当时全国共 11 个大军区,同时就有 8 个军区的司令调动,这在我军历史上是前所未有的,可见当时毛泽东下的决心有多大(没调动的军区司令员是:成都军区司令员秦基伟、昆明军区司令员王必成、新疆军区司令员杨勇)。

这说明,**坚持集中统一,必须靠铁的纪律作保证。**

企业是个以赢利为目的的竞争性组织。一个成长起来的组织容易出现"诸侯割据"现象。这种局面一旦出现,企业也就失去了市场竞争能力。因为,**"诸侯割据"和"利益集团"绝对会削弱企业的整体竞争力。**

世界上那些著名的跨国企业、百年老店,在"削藩"上,都有自己一套行之有效的方法,绝对不允许"割据"出现。解决的基本方式无外乎两种:

第一是通过财务。应用现代财务管理手段和方式,使企业的财务大权控制在总部一级。不论企业规模多大,几乎都是如此。如,美国的通用、沃尔玛。中国企业近些年也在搞财务的统一。华润集团总裁宁高宁在集团进行的重要改革措施,就是建立企业统一的结算中心,把"诸侯"的财权收归"中央"。

第二是通过组织调整。跨国公司对领军人物的培养和任用有两个标准:一是任职的时间标准。原则上在同一岗位工作不超过 5 年,一般为 3 年。二是岗位的轮换。常常可以看到的是,我们许多企业的分公司老总在岗位上工作几年后,往往利用公司的资源办起自己的"小店",甚至"大店",最后不仅另立山头,而且成为企业的竞争对手。这是很让中国老板头痛的事情。

万科是从事地产的公司,这些年出了不少职业经理人,但没有出现过"诸侯",其重要原因之一是王石对各个领军人物的管理行之有效。其实,我研究万科多年,王石也没有什么高招,无外乎是:在"诸侯"没有形成的时候,进行全国性调动。对于这种调动，也有不服从的老总。出现这种情况，只有请他走人。**一个真正成功的企业，是"离了谁都照样转"的企业。**这是王石的万科的成功之处。

七、"啃骨头"与"吃肉"：团结就是竞争力

一切行动听指挥，还表现在内部的团结上。

解放军的内部团结，一靠觉悟，大家在一个共同目标下，局部利益服从全局利益，全军步调一致；二靠制度，解放军有铁的纪律。由于顾及个人、小团体、局部利益而不执行命令将受到严厉制裁，所以，官兵都向一个标准高度看齐，形成一个有机的整体。觉悟和制度，保证了团结。

刘伯承元帅曾经讲过一段话：打仗有个"吃肉"和"啃骨头"的关系。"啃骨头"的部队，仗打得硬，牺牲大，俘虏和缴获少。而"吃肉"的部队，仗打得痛快，牺牲少，俘虏缴获多，功劳也大。

对这一点，原国民党将领、后任中华人民共和国全国人民代表大会副委员长的董其武将军也讲过一段话："共产党部队打胜仗是因为有人愿意'啃骨头'。国民党部队打仗不行，重要的一个原因是都想'吃肉'，没人'啃骨头'。"

1946年6月，粟裕集中华中野战军主力3万人迎击大举进犯的国民党5个整编师约12万人。一个半月，七战七捷，歼灭敌人53000余人，震惊苏中。喜讯传到延安，毛泽东极为兴奋，亲自为中央军委起草电报，将"集中绝对优势兵力打敌一部"的范例通报全军。

这就是在解放军战史上著名的"七战七捷"。

但是，这个"七战七捷"中还有一个英雄——能"啃骨头"的将领李先念。李先念在解放军历史上素以能"啃骨头"著称。

向解放军学习

红四方面军西征,他带部队"啃骨头";中原突围,他再次带部队"啃骨头"。这次,为保证粟裕指挥华中野战军主力3万人作战,李先念带领中原局主力部队1万多人,以几千人的牺牲,牵制了国民党军队另外30万大军,使其无法增援,从而使粟裕歼敌作战计划得以实现。

这种战例在解放军中还有许多。这也充分说明这个组织的团结统一。实际上,解放军把保持内部的团结统一,强调到生死存亡的高度来认识。

解放军的内部团结主要有五个方面:

第一,是官兵的团结。

第二,是领导班子的团结。解放军管理领导班子有两个部门:干部部门和组织部门。干部部门主要从干部本身来考核:在各级领导班子建设中,能不能团结一致,能不能开展内部批评与自我批评,是考核领导班子建设的主要内容。而组织部门的考核,把能否团结一致地带领部属完成任务作为衡量党委、支部有没有战斗力的标志。

第三,是部队之间的团结。

第四,是军队和政府之间的团结。

第五,是军队和当地民众之间的团结。

解放军各级把军队"内部团结"当作首先要抓好的头等大事。对破坏团结,尤其是破坏内部团结的人和事,处理坚决从严,绝不姑息。

内部的团结一致保证了组织能够实现政令畅通,而政令畅通又保证了"一切行动听指挥"的实现。

企业是人类协作的产物,团结与否同样关系到企业的生死存亡。

企业组织如同军队,有作战部队也有后勤保障部队。在市场竞争中,有冲在市场一线的销售人员,也有在后方从事产品研发的技术人员、从事制造的一线工人。产品是生产部门生产出来的，但却是市场部门销售出去的。生产部门是需要"花钱"的部门，市场部门是"挣钱"的部门。生产的资金需要市场部门从市场赚回，但市场部门销售的商品需要生产部门提供。生产与销售，有如后方与前方，又如军队的保障与作战，是两个不可或缺的轮子。正是这样一个完整的链条，构成了企业参与竞争的全部家底。无论哪个结合部发生了矛盾，都会导致整条战线无法协同共进，企业的前景便可想而知。因此，**对企业的老总和中层管理者来说，促进团结和解决矛盾是他们首要的"必修课"**。

解决企业内部的团结问题有三条途径：第一是教育，第二是制度，第三是合理的薪酬设计。通过教育，使各个环节的职工能够为企业的共同目标而努力；通过有效的制度管理，保证各个环节有效率地运转；合理的薪酬设计使员工能够安心尽职于岗位，从而保证企业生产任务的完成。

一个成功的企业，需要生产与销售的默契配合，而不是互相指责、争功。**一个内部统一协调的企业才有竞争力。**

世界上优秀的企业都在致力于消除企业内部的不协调现象，使企业通过不断增强内部凝聚力而更有竞争力。

第四章 打一场人民战争

——组织在合作中成长

人民战争是毛泽东重要的战略思想。

我曾有个不解的问题：我们在银幕上、小说中所看到的解放军，总是以少胜多、以弱胜强。后来了解得多了，才知道事实确实如此。解放军的历史，是一个从小到大，从弱到强，从失败走向失败，再从失败走向胜利的奇迹。可以说，他们完成了一个"不可能完成的任务"。

步入军营后，尤其是系统学习解放军战史和毛泽东军事思想后，这个问题逐渐解开，答案就是：毛泽东的人民战争战略思想。毛泽东曾教育解放军官兵：在战略上要藐视敌人，在战术上要重视敌人。战略上的藐视和战术上的重视，最终"动员了全国的老百姓"，实现了人民战争。任何竞争性组织的成长过程，都是由小到大、由弱到强的历程。"集中优势兵力打歼灭战"，是通过战术上的不断优势，形成战略上的"人民战争"。

翻开解放军战史，我们发现，这个组织之所以能够从小到大，由弱到强，在于它的历史是个**不断寻求合作、不断创造条件合作、不断优化合作**的历史。这个历史，就是联合一切可以联合的力量，甚至为集中一切力量打击最主要的敌人，可以和一部分原来反动的敌人联合起来，建立起最广泛的统一战线。正是这种

第四章 打一场人民战争

广泛的合作,使解放军在任何时候都有"友军"、"同盟军",有"堡垒户",有根据地。

1948年,著名的淮海战役打响。解放军组织了60万部队,而国民党军聚集了80万部队。在这场历时65天的战役中,解放军共歼敌55.5万余人。国民党战场最高指挥官杜聿明将军被俘后曾说:我们哪里是在和共军作战,整个战场的老百姓都是解放军。陈毅元帅也曾动情地表示,淮海战役是山东人民用小车推出来的。整个战役期间,解放军共动员了100万群众支前。

解放军在前期发展过程中,实际上都是在全局弱势的环境下,营造了局部、区域的强势,最后形成"强强联合"的态势,其主要途径就是发动人民战争。

这些年接触到不少企业,让许多企业家们激动不已的一个话题竟然也是"人民战争"。他们希望自己的企业能够在战略上打造一个"人民战争"的平台,把企业真正做大、做强。

说到"做大、做强",我倒有个想法:"做大、做强"的理念曾经风靡一时,很多企业的规模不可谓不大,但实际上已经陷入大而无当、开发过度的恶性循环中。而现在企业界流行的是强化精品化运作的功能,也就是"做强",无论内部管理、产品研发、市场营销还是售后服务,莫不如此。**无限扩张的"做大"年代已经过去,走精品化战略的道路应该是企业界追求的目标。缩短战线,集中资源,精心创优,将成为企业未来的发展方向。**所以,我说的"做大",并非指规模的无限扩张,而是指经营战略思想的开放。

竞争性组织的生存权是在竞争中得来的;组织的发展权却是通过合作实现的。企业在竞争发展的过程中,没有一家企业能够"通吃"产业链各个环节;没有一家企业产品能够消灭替代产品。这样,企业的发展就离不开所生存的环境,离不开这个环境中的其他企业而独立存在。

著名企业家杰克·韦尔奇曾形象地谈到企业间的合作:我家的前厅,是人家的后院;我家的后院,是人家的前厅。

2000年以来,中日关系一直处于非常微妙的状态。这种冷对抗不仅影响到两国经贸往来,而且已经影响到两国关系。如何打破僵局呢?2007年4月,温家宝总理踏上了"破冰之旅"。

据美国《华尔街日报》报道称,温家宝此次访日是近7年来首次访问日本的中国总理,也是过去20年来首次在日本国会发表演说的中国领导人。在日本国会演讲时,温家宝将中日友好交往的历史娓娓道来。他说中日关系的发展经历了风雨和曲折。"尽管风在呼啸,山却不会移动。"温家宝总理用这句日本谚语,阐述出中日友好的牢固根基,也昭示着中日关系未来的美好发展。整个演讲,被11次鼓掌打断。演讲结束之后,温总理即打电话给他近九旬的老母亲。老人家说:"你讲得很好,是用心说的。"温总理的这一细节打动了日本首相安倍和所有日本民众。安倍甚至说:温总理的讲话可以载入史册。

国际政治需要关注未来的合作关系,企业发展又何尝不是如此。一个**企业只有先把自己的"眼界"扩大,才能够做强**。企业的人民战争,是在竞争的市场环境中,尽可能多地寻找、创造合作与双赢的机会。**企业的生存之路是在竞争中实现的,但企业的成长、发展、壮大之路却是在合作中实现的**。从人类的整个商业史看,**任何方式的竞争成本都高于"和解与合作",最大的灾难性竞争方式是对抗和战争**。

一、团结一切可以团结的力量:扩大合作边界

毛泽东在打造解放军这个组织的过程中,一直把建立广泛的统一战线以反对主要的敌人作为法宝。可以这样讲,解放军80年的历史,尤其是战争年代从小到大、由弱到强的22年,就是一部

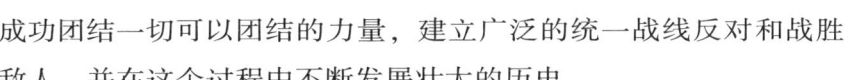
第四章 打一场人民战争

成功团结一切可以团结的力量，建立广泛的统一战线反对和战胜敌人，并在这个过程中不断发展壮大的历史。

1927年秋收起义后，毛泽东率领起义部队来到井冈山。当时，井冈山的主要武装力量是由袁文才、王佐率领的绿林武装。为了联合团结这支武装，毛泽东从部队调拨70支枪、500块大洋给袁、王部队，还派何长工到袁、王部队中帮助进行政治、军事训练。秋收起义部队因此受到袁、王二人的欢迎和支持。1965年5月，毛泽东重上井冈山时，亲切接见了袁文才的妻子谢梅香和王佐的妻子兰喜莲，并同她们一起合影留念。与袁文才、王佐的联合，使革命有了第一个落脚点，也有了第一个出发地。

红军长征胜利到达陕北后，由于日本帝国主义的侵略，中国政治形势发生了根本性变化。以毛泽东为首的共产党人果断抓住"西安事变"这个历史机会，实现了国共第二次合作。这次合作，挽救了中华民族，也壮大了解放军的力量。

联合一切可以联合的力量，也是要付出代价的。解放军的联合，靠的是无私的奉献和全心全意为人民服务。近30年中国企业的成长，就是在与跨国公司的付出与合作中成长发展起来的。

联想集团起步之初是做个人电脑代理销售的。当时，个人电脑主要利润都被香港的中间商赚去了。直接与国外生产商对接是在这个行业中立足的唯一途径。但受限于中国当时的政策，解决这个问题的出路是在香港办合资公司。为了走出去，柳传志找到香港人吕潭平，希望和他共同办理合资公司。但吕潭平的条件很苛刻：办公司可以，我所占股份的现金投入需要联想"借"给他。为了企业的发展，联想吞下了这枚苦果。结果，联想与香港代理商的合作，使联想比国内其他同期的企业领先一步站在了产业的前沿阵地上。对此，柳传志说："联想走出去，采用的是'瞎子背瘸子'的方法。"有了这个合资，联想开始直接和世界一流IT企业合作，先后成为IBM、HP的电脑品牌代理商，大举进入电脑行业。到2005年，一举收购IBM个人电脑事业部，成为一个年销售达千亿元人民币的国际化公司。

今天，企业的联合需要把更多的利益让给对方。一个不肯让利于合作者的企业，是不可能在市场上做强，甚至不可能生存的。李泽楷曾经说过：我父亲（李嘉诚）是最好的商业教师，他告诉我要学会少赚钱，让对方多赚钱，你才能在商场上成功。

想实现商业目的吗？请合作吧，而不要总想着打垮竞争对手。可是，我看到许多中国公司一成立，就会提出把某某公司打倒或击垮某某洋品牌的目标。看到这些豪言壮语，我觉得很奇怪，本来做企业就是为客户提供价值，通过提供价值获得回报。你打垮对手干吗？这不是心存不良嘛！难道你打垮了对手，客户就一定购买你的产品？你就一定能够持续发展？你难道就不会因激怒了对手而被对手打垮吗？我觉得，**把击败竞争对手作为战略的起点，是战略理论与实践中一个最大的错误**。全球商业应用软件的领导者，SAP的副主席哈索·普拉特纳说过一句话："我对我们是否超过竞争对手不感兴趣。真正的考验是，即使我们并未推销我们的产品，仍会有许多买主找上门来吗？"SAP公司的强大就证明了这一点。能够成为全球商业应用软件的领导者，并不是他们打败了IBM或是微软，而是敏锐地适应市场需求造就了自身的成功——**企业需要信息化沟通与控制来降低管理成本**，而SAP公司正是满足这种需求最快甚至最好的公司。这就是战略的出发点。**影响企业长盛不衰的并不是竞争对手，而是市场规律和客户价值**。懂得了这一点，经营企业的思维方式就会完全不一样。有时候，我们不仅不打击对手，而且还要有意帮助对手，扶持对手，甚至与对手合作。道理很简单，如果这样做能够为客户提供更大价值，并且公司也获益的话，为什么不呢？

这就是在市场竞争中的竞合。什么是**竞合**呢？**就是在竞争状态下的合作，竞争者之间进行优势互补**。事实上，竞争与合作从

第四章 打一场人民战争

来密不可分。

孩童时期我们就熟悉一个故事：龟兔赛跑。老师教育我们，应该像勤劳的乌龟一样，而不要学骄傲的兔子。但有一个问题是：如果兔子不骄傲，那么乌龟不就永远也战胜不了兔子了吗？那么，乌龟在赛跑的路上会永远处于落后状态吗？在市场环境下，企业的成长如同"龟兔赛跑"，但如何赛跑呢？经济学家厉以宁曾提出过一个有别于传统的"龟兔双赢理论"：龟兔再比赛的时候，修改了原来的指定路线，赛道上出现了一条河，于是它们想出了合作的办法——兔子先把乌龟驮在背上跑到河边，然后乌龟又把兔子驮在背上游过河去，最后双双获益。这就是竞合的例子。

竞合就是双赢。

现在的商业运作可以说是"战争与和平"的联合体。在创造利益时，竞争者之间可以是密切合作关系，而在分割利益时，竞争者之间就会"爆发战争"。在既合作又竞争的环境中，有时采取"赢输"模式最有效，有时采取"双赢"模式才明智。华为的国际化探索是联合，更是"竞合"。在技术层面上，华为与摩托罗拉、英特尔、SUN、微软等跨国公司建立联合实验室，开发应用性先进技术，与松下和3COM建立了"3G开放式实验室"。华为通过与这些国际著名公司的合作，走出了一条联合道路，有效弥补了海外市场在营销渠道方面的劣势，在国际市场成功实现了扩张。

在专业分工越来越细、市场竞争越来越激烈的前提下，**单打独斗、独逞英豪的时代已经过去，合作变得越来越重要**。例如，在2005年诺贝尔获奖项目中，因协作获奖的奖项已占2/3以上。在诺贝尔奖设立的前25年中，合作奖仅占41%，而现在则高达80%。

商业史上还有这样一件让人们津津乐道的故事：在西方许多

家庭的餐桌上,习惯于同时摆上美国"水晶杯"公司和"细瓷"公司生产的水晶玻璃高脚杯和细瓷餐具,它们都是高档的名牌餐具。过去,这两家公司因为是竞争对手,关系一直不好。可后来他们经过协商,决定捐弃前嫌,进行联合推销。"水晶杯"公司利用"细瓷"公司在日本市场上业已建立的信誉,通过联合销售,将其产品打入日本等国的市场;而"细瓷"公司则利用"水晶杯"50%的产品在美国畅销的优势渠道,使细瓷餐具占领了美国家庭与饭店的餐桌。结果,联合推销使双方相得益彰,两家的销售额均大幅提高。

企业以产品满足客户需要来实现自身的价值。从面对客户的角度看,企业的目标是一致的。

在面对客户的问题上,所有企业具有共同点。经常有企业家问我,围绕这个共同点,企业如何打一场"人民战争",如何实现合作呢?总结起来有这样几点:第一,**是产品互补型**。对不同产品进行组合,满足特定环境下的多样化需求。美国的超市中常常在卖婴儿尿裤的摊位旁摆上啤酒,他们认为,来买尿裤的一般是父亲,而男人们进超市,很可能会顺便买上一瓶自己喜欢的啤酒犒劳一下自己。麦当劳在推销可口可乐时,把可口可乐和薯片捆绑在一起卖。在中国饭馆中,我们常常见到服务员为客户递上菜单的同时还递上酒水单。第二,**是市场互补型**。多家企业面对同样的市场,通过合作互补,实现市场的发展和繁荣。一般来说,把饭店开在饭店扎堆儿的地方比开到其他地方更能吸引顾客。第三,**是渠道互补型**。企业都在建立自己的销售渠道,今天可以讲,渠道决定企业竞争的胜负。再好的产品如果没有渠道也进入不到消费者视野。在渠道建设上,各企业都下了很大功夫。渠道互补不仅可以节省部分建设渠道的费用,而且可以更快地进入某个市场。2001年,中国海尔和日本三洋进行渠道合作。海尔利用三洋的渠道进入日本市场,而三洋则利用海尔在中国得天独

第四章　打一场人民战争

厚的渠道优势进入中国市场。实践证明，这是种双赢的合作。第四，**是品牌合作型**。通过品牌合作，一方面扩大自己的市场份额，另一方面，则是通过合作在不同产品价位上保持自己对市场的控制力。中国著名的五粮液集团自有的品牌最有名的就是两个，一个是五粮液，这是最高档的，还有一个叫尖庄，这是低档的。现在它吸收了别人的品牌，比如，湖南酒业公司注册的浏阳河加盟，算它的分品牌；北京的京酒是北京酒业公司注册的品牌，也加盟到它那里；五粮醇、金六福都不是五粮液注册的，也加盟了五粮液。那么，加盟五粮液对双方有什么好处呢？首先，对加盟者来说，不管是什么牌子，酒都是五粮液给你灌，质量上就有了保证，在市场上就有了畅销的前提。其次，对五粮液来说，好处有：一是酒类消费品是需要做广告的，谁注册的牌子谁做广告，这减轻了五粮液的广告支出；二是谁做广告谁做总经销，这又减轻了五粮液的渠道建设和维护的费用；三是增加了五粮液的效益。酒有上等、中等、下等之分。五粮液过去只是把上等卖出去了，剩下的中等、下等都按照最便宜的价格卖了，所以它的效益损失很大。现在，每个档次都有相应的品牌，就是每个档次的酒质量都产生了相应的效益。然后，广告人家做，五粮液不承担风险；总经销别人去做，它也不负责营销费用。但是，别人做金六福的广告做浏阳河的广告，都等于给五粮液做广告，顺势就把五粮液品牌托起来了。

　　这些年，中国企业同业竞争达到白热化。这种激烈残酷的同业竞争，使产业链条的上游企业享受到"鹬蚌相争，渔翁得利"的好处。如，近年来主要依赖国外铁矿石生产的中国钢铁业，承受了巨大的铁矿石涨价压力。数据显示，铁矿石进口从2000年开始截至2007年，价格已累计上涨400%。如何应对上游供应商，在商业历史中，此类问题的解决方案似乎只有一个：将产业链条向上游延伸——到海外开矿去。这让中国钢铁企业终于学会了

向解放军学习

"合作"。2007年,由武钢集团、宝钢集团、鞍钢集团、首钢集团四大钢厂巨头联合出资组建的北京钢企联矿产资源投资有限责任公司成立。由国内大钢厂按股权比例出资组建企业进军海外矿山资源,可以说是行业的一个首创,对中国企业联合有序进行资源开发是一个重要举措。

商业竞争,终于教会了中国企业"**抱团打天下**"。

二、合作需要妥协:把利益让给合作者

我当兵的时候,师里有位副师长,是位四川籍的老红军。一次,他对我回忆说:长征到达陕北后,开始情况很艰苦,不久国共开始第二次合作,生活状况有了改善。有一天,红军召开大会,要求我们要把帽子上的红五星换成国民党的青天白日徽,而且,是主持会议的刘伯承司令带的头。很多红军官兵都哭了——大家与国民党、蒋介石打了十年,很多战友牺牲了,现在却要换成青天白日徽。大家怎么也想不通。当然,命令还是要执行,后来也想明白了。

这位副师长感慨万千地说:还是毛泽东英明呀!没有红军这次改编,就没有解放军的今天。

联合与合作的过程,是个求同存异的过程,也是个博弈的过程。在这个过程中,**双方既要"肝胆相照",也要互相退让、妥协**。

现代社会中,"妥协"已成为国际政治生活和经济运作中的重要战略思想和有效操作方式,更成为人们在社会活动中不可缺少的润滑剂,发挥着越来越重要的作用。

个人进入组织,首先要遵守这个组织的规则,这种遵守就是妥协。因为,**遵守规则就意味着必须抛弃个人原有的习惯和做法**。大家稍微留意就会发现,在人与人之间的交往和沟通、组织

与组织之间的交往和运作中,"妥协"的功能纤毫毕现。比如,市场是由买卖双方的交易构成的。交易中,买家希望用最低的价格购买到最好的产品和服务,而卖家则希望自己产品的价格越高越好。这是公理,也是人性。经过讨价还价,买卖双方达成成交价,这就是双方妥协而成的协议。

在某些人看来,妥协就是软弱,好像只有毫不妥协退让,才是英雄本色。这种非此即彼的绝对化思维方式,往往会在现实社会中碰壁。因为在现实社会中,并不是只有非此即彼的两种极端选择,还有"妥协"这种折中方式。**善于妥协既是一种明智,一种美德,更是一种能力**。能够妥协,是一种高姿态,意味着替对方着想,尊重对方的利益,更意味着将对方的利益看得与自身利益同等重要。在现代生活中,个人权利日趋平等,人与人之间的互相尊重就成为工作顺利、生活幸福的前提。谁都明白"只有尊重他人,才能获得尊重"的道理。因此,**善于妥协的人就会赢得别人更多的尊重,从而超出侪辈,成为生活中的智者和强者**。

杨元庆接过联想大旗后,柳传志首先告诫他的是:要学会妥协。当杨元庆和 IBM 谈判收购其个人电脑事业部并最终达成共赢协议后,柳传志欣慰地评述:元庆学会了妥协。

现实生活中,我们常常强调依靠自己的强势,或强调发挥自身优势去取得成功,而却常常忘了有时**妥协也是成功最重要的因素之一**。团队内部是这样,在与团队外部的合作中,同样如此。当然,**妥协不是无原则的退让,而是在坚持原则的前提下,找到共同的利益点**。

松下幸之助在创立自己的公司后,对公司员工的要求非常严格,每次大的决策势必亲自参加。但是他并不是一个唯我独尊,完全不听取其他人意见的人。在一次决策会上,松下对一位部门经理说:"我个人要作很多决定,并要批准他人的很多决定。实际上,只有 40% 的决策是我真正认同的,余下的 60% 是我有所保

向解放军学习

留的，或我觉得过得去的。"经理觉得很惊讶：假使松下不同意的事，大可一口否决就行了，完全没有必要征求旁人的意见。松下接着说："我不可以对任何事都说不。对于那些我认为算是过得去的计划，大可在实行过程中指导他们，使他们重新回到我所预期的轨道上来。我想，一个领导人有时应该接受他不喜欢的意见，因为任何人都不喜欢被否定。我们公司是一个团队，并不仅仅是我一个人的公司，需要大家的群策群力。**妥协有时候使公司强大，人际关系融洽。**"

看来，松下老人也深谙中国古训："将欲取之，必先予之。"

在商业学院教学中，有个关于谈判的游戏。游戏的内容取自二次世界大战期间的真实事件。游戏的背景和规则是这样的：

> 美国政府正在清理一些二战时期的神经性毒气炸弹，在向西海岸之外的小岛上转移的过程中出现了泄露。尽管泄露的速度得到了控制，但如果不能及时彻底解决，毒气很可能会传播到其他岛屿和西海岸区域，将使大批民众会出现严重的脑损伤甚至死亡。
>
> 解决的办法只有一个：向存放毒气炸弹的房间注入一种中和性气体，而制造这种气体的化学成分只能从橘子的皮中提取。计算得知，总共需要3000个橘子。而在当时的季节中最多只有4000个这种橘子，而Cardoza拥有其中3000个，因而处于优越的垄断地位。政府授权Roland的公司解决此事，其经费最多不得超过250000美元。与此同时，美国出现了一种影响孕妇健康和胎儿发育的传染病，如果不能及时得到控制，数千名妇女和儿童的生命将受到威胁。治疗这种病的药物要用到橘子的汁液。Jones的公司掌握了这种药物的制造技术，但是也需要从Cardoza进口3000个橘子，其经费也不得超过250000美元。

这个游戏绝大多数的结果是：支持政府决定的 Cardoza 扮演者，将橘子卖给了 Roland，而同情妇女儿童的 Cardoza 扮演者则选择了 Jones。

都是极端的选择，难道就没有更好的解决方案了？

学员们激烈地辩论，寻找真正令人满意的解决方案。

事实上，这个游戏可以有一个使 3 方都获得更大利益的结局。这是因为，Roland 只需要橘子皮，而 Jones 只需要橘子汁。如果他们相互沟通一下，而不是总想着在谈判中战胜对方，他们完全可以都以低于 250000 美元的价格买到自己所需要的东西，而出口商 Cardoza 也可以获得大大高于 250000 美元的收入。这是唯一真正令人满意的解决方案——沟通，然后合作！

这个游戏告诉我们，很多看起来非常激烈的竞争，其实并非一定就是你死我活、非此即彼，都存在双赢的可能。**只要主动去和竞争者沟通，就可以发现许多的双赢机会。**

三、成为铁军：内部团结是竞争力的根本

组织在合作中成长，不仅需要外部的团结，而且也需要组织内部的团结。**组织内部的团结是组织竞争力的根本**。没有了组织内部的团结，更谈不上组织外部的团结和合作。

解放军把组织的团结放在高于生命的位置。**团结不仅出战斗力，而且团结出干部、出英雄。** 团结能让一支由"泥腿子"组成的农民武装，变成所向无敌的铁军。团结就是力量，这力量是铁，这力量是钢，比铁还硬，比钢还强。

组织的效率来自两力：内部的凝聚力和对外的竞争力。 组织内部的凝聚力是组织对外竞争力的前提，而组织内部凝聚力的基础则是组织内部的团结。毛泽东同志说：军民团结如一人，试看天下谁能敌。军民的团结是解放军胜利的保证。

向解放军学习

在与外部团结的同时,首先需要组织内部的团结。在我从军的 23 年经历中,每年的工作总结中不变的一条,是能不能团结同志。能够团结同志,是基本的优点,也是对一个士兵、对一个带兵人的基本要求。

能够团结同志,是善于合作的表现。**在组织内部,不但要团结和自己意见相同的人,而且要善于团结那些和自己意见不同的人,还要善于团结那些反对过自己并且已被实践证明是犯了错误的人。**

为什么要这样?

毛泽东在《为人民服务》中曾说道:"我们都是来自五湖四海,为了一个共同的革命目标,走到一起来了……一切革命队伍的人都要互相关心,互相爱护,互相帮助。"

华为老总任正非说:我们要提倡"胜则举杯相庆,败则拼死相救"的集体主义精神。

人类文明进步的标志之一是组织起来。组织起来的人,需要对组织认同,也需要对组织中不同背景、不同出身、不同经历的各个成员的认同。这种认同的外在表现形式之一,就是内部成员的团结。组织的功用,是完成单个人、单个家庭不能完成的任务、目标。既然如此,在组织中成员之间的合作意识、合作能力、合作方法,就成为这个组织竞争力之所在。

团结表现在组织内部,是组织内部的成员合作。这种合作,是组织和个人事业成功的共同基础。

第五章 解放军是所大学校

——自己培养领军打仗的人

"政治路线确定之后，干部就是决定的因素。"80多年来，解放军始终把教育培养干部作为组织建设的根本。也正是这个制度，使解放军在自己的发展史中，不仅名将、名帅如云，而且从来都不缺领军打仗的人，不缺独当一面的人，更不缺能够独立完成任务的人。

解放军具有超强的战斗力和效率，在于它永远不缺适合组织需要的、能领军打仗的干部队伍。这是这个组织与近代以来中国任何组织相比最重要的区别和优势。这主要得益于解放军建军之初就把培养干部作为建军的重点。红军时期，成立了军官教导团；长征到达陕北后，成立了红军大学……其实，我们无论翻开哪位解放军将领的履历都会发现，在他们戎马倥偬的生涯中，总有几个时间段在不同的指挥学校读书。

解放军中有个奇特的现象，各部队流传的多是普通士兵的英雄故事，而领导他们的军官甚至将军的故事（除去解放军建军领导人）则很少。

离开军队从事企业管理研究几年后，我再回味，体会出了这个组织的伟大。解放军是靠组织、靠制度来建设、发展自身的，而从不寄托在一两个"伟大"的军事家身上。所以，尽管解放军将帅如云,但他们都是解放军这个组织培养起来的;尽管解放军出了许多著名的军事家、战略家,但也是这个组织为他们提供的施展舞台。所以,**是由于组织的伟大,才使得他们辉煌。**

这使我想到一个伟大的企业和企业家的故事。

IBM 号称代表了美国精神。IBM 创始人老沃森的儿子小沃森从小缺乏自信,甚至怀疑自己有先天缺陷。上学时,他换了 3 所学校,用 6 年时间勉强读完高中。大学时期,他沉湎于酒吧、舞厅,由于校长先生的好心和克制,才让不争气的小沃森得以从布朗大学毕业。当得知父亲决定让他到 IBM 工作并最终经营这家公司时,巨大的压力使小沃森急出了眼泪,对父亲号哭着说:我干不了,我不能为 IBM 工作。然而,就是这个孩子最终却继承父业,把 IBM 和整个世界带入了计算机时代,其业绩已经远远超过了乃父。

一个并不怎样出色的继承人,最后能够成长为一名伟大的企业家,个中道理其实十分简单:**靠组织的力量带动了个人的成长。**

近年来陆续接触到不少企业主管和企业老板,听到他们最多的感叹是缺少人才。这似乎是企业成长中各个阶段都存在的掣肘问题。其实,任何组织都一样,**组织的产品首先是人,其次才是物。**具体到企业,**首先是生产人,其次是生产产品。**

一、要当将军:培养上进心

拿破仑有句名言:不想当将军的士兵不是好士兵。

对西方许多思想都表现出抵制的解放军,在这个问题上却表现了出奇的认同。当然,在解放军中还有一个中国特色的表述:上进心。

一个没有上进心的士兵、军官,不是好士兵,不是好军官。

 第五章 解放军是所大学校

而这种上进心，使解放军组织具有了全体一致、蓬勃向上的力量。这是一种无穷的、更是无敌的力量。

"我们满怀希望步入军营，梦里都渴望成为英雄。"这是30多年前我写的一句诗。多少年过去，许多事情已经忘怀，但这句诗我却一直记着。

我有时也在想，解放军到底给了我们这些人什么，使我们把全部青春奉献给了这个组织。

30多年前，我加入了解放军。我们这些年轻人参军目的很明确：提干。用现在的话来说，就是做官。我们连队的成员大部分是来自中国农村的青年。他们的目的都很现实，大体依次为：学技术，入党，跳出农门，进入中国"上层"社会。当然，还有一些人参军的目的甚至仅仅是为了能够找个老婆。恰恰是解放军这个组织，有能力帮助这些人实现各自的梦想。

我们今天看，许多成功人士都是在军队迈出事业第一步的。如，做电影的冯小刚，写小说的莫言，等等。解放军为他们圆了事业成功之梦。

从我接触到的企业看，一些企业极力压制有"野心"的员工。其实，如同不想当将军的士兵不是一个好士兵一样，**没有"野心"的企业骨干、员工，也绝不是个好骨干、好员工。失去了"野心"，也就失去了上进心，也就没有了动力。**

对企业家个人也是如此。企业的使命，是要有"野心"的企业家去实践、创造和提炼的。

我们生活在一个具有无限可能的时代：地理与意识形态的壁垒逐渐消失，市场越来越开放，商品、创意和资金在世界范围内自由流动，各地的企业都变得越来越有效率。新技术正在创造出重要的商务和沟通新渠道。无论是在个人生活中还是工作中，从来不曾有过这么多人有这么多机会能够去创新。在这样的年代里，**对企业领导来说，没有野心，就没有卓越的成就。**

二、"从奴隶到将军":培训让成员梦想成真

在解放军中,要求每个成员要有上进心,而且**为每位成员搭建了"从奴隶到将军"的成长梯子。**

解放军有一位传奇将军罗炳辉。他是逃亡的彝族奴隶,参加过滇军,曾任军阀唐继尧的随行副官。后率部加入红军,是中国人民解放军21军的第一任领导人。在解放军中,罗炳辉有两个特殊身份:第一,是起义将领;第二,是奴隶出身。

这两种身份使其具有了传奇色彩,也表明了解放军这个组织的大度。一个奴隶娃子竟被培养成为将军,说明解放军为每个人都搭建了成长的平台。

我曾经与许多普通农家出身的军人交谈:为什么要当兵?他们私下的回答很直白:改变命运。

军队是个并不十分讲究出身的地方,这为许多社会底层的人员搭建了一条通向社会上层的梯子。在军队将领中有将门虎子,但更多的是寒门之子。

军队为这些普通社会青年成长搭建的梯子是:**不间断地培训。**

我在解放军23年历史中,经过了6次培训:第一次是新兵训练,完成了由一个社会青年到军人的转变;第二次是卫生员训练,掌握了军旅生存技能;第三次是陆军学校,实现了由士兵到军官的转折;第四次是政治学院,具备了营连岗位任职资格;第五次是政法学院,具备了军队中级指挥官任职资格;第六次是国防大学,提升了综合素质。是这些培训,使我从一名社会青年成长为解放军中级指挥官;从一名基层部队的士兵成长为高级指挥机关的参谋。

从社会学角度讲,人在解决了生存问题后,要考虑的就是社

会承认、荣誉等问题了。**一个好的企业，要能够为员工提供实现"从奴隶到将军"的机会。这种机会，就是培训**。通过不断地培训、有计划的岗位锻炼，培养企业需要的人才，同时，也使这些人实现"从奴隶到将军"——从普通青年到企业高级蓝领、高级白领的跨越。在这样的企业，员工自然会用业绩与忠诚回报组织。如果员工队伍整体有一种蓬勃向上的拼搏力量，这样的企业能没有市场竞争力吗？

有完整的员工培训计划、员工培训体系、员工培训方式，是世界上大的跨国公司必须具备的先决条件。麦当劳最重要的竞争力之一，是其完善的培训之道。全世界有两万余个麦当劳店，每个店面经理都要经过 18 个月的严格培训。美国通用电器公司每年培训预算不低于 10 亿美元，接受培训的员工不少于 1 万名。IBM 公司每年员工培训预算超过 20 亿美元，其在设立培训学校的同时，还不断加强网上大学的建设，完善员工自主培训系统。

三、训练有素：人人都有用武之地

最精锐的部队一定要有最优秀、最训练有素、最积极进取的官兵；**成功的组织，总会把合适的人放到合适的位置**。

解放军是一支以农民为主体的竞争性组织。在其 80 多年的历史长河中，每个历史阶段的主要组成人员，来自于中国农村的农民均占有绝大多数，但是，解放军绝不是农民的武装，而是一个高效高能的组织。而做到这一点，与它的统帅、它的各级指挥干部的素质有很大关系。

在写这本书时，我始终在想，解放军的用人，真是人尽其用，某种程度上甚至可以说是用到极致——只要需要，就敢用；只要步入这个队伍，就有自己的位置。新兵入伍后，要参加新兵训练。新兵训练结束后，上级要按照新兵训练情况，将士兵分到不同岗位。在解放军中，任何岗位的战士都有成才的机会。解放战争中，东北解放时，解放军自己的医疗技术人员奇缺。他们就几乎全部留用了当初日本军队的医务人员。至今，在日本还有一个"中国人民解放军东北医务工作者联谊会"。

真有点佛家的味道。

去过庙的人都知道，一进庙门，首先是弥勒佛，笑脸迎客，而在他的背面，则是黑壮的韦陀。但相传在很久以前，他们并不在同一个庙里，而是分别掌管不同的庙。弥勒佛热情快乐，所以来庙进香的人非常多，但他什么都不在乎，丢三落四，没有好好地管理账务，所以依然入不敷出。而韦陀虽然管账是一把好手，但成天阴着个脸，太过严肃，搞得香客越来越少，最后香火断绝。佛祖在查香火的时候发现了这个问题，就将他们俩放在同一个庙里，由弥勒佛负责公关，笑迎八方客，于是香火大旺。而韦陀铁面无私，锱铢必较，则让他负责财务，严格把关。在两人的分工合作中，庙里呈现出一派欣欣向荣的景象。

在用人大师的眼里，没有废人，正如武功高手，不需名贵宝剑，摘花飞叶即可伤人，关键在于如何运用。

美国有一部著名影片《阿甘正传》。主人公是一个低智商的青年，但却创造了辉煌的成就。解放军中也有许多普通人成为英雄的故事。科学研究表明，在普通人的世界中，**只要有机会，人与人的能力差距并不大**。

企业家都希望世界上最优秀的人能够到自己的企业工作。孰不知，"尺有所短，寸有所长"，优秀只是个相对的概念。**在一个优秀的组织中，每个人都应该有自己的用武之地**。

四、雷锋和邱少云：组织需要的两种干部

人才之于组织，如同青年男女恋爱，有自己心目中的偶像。

第五章　解放军是所大学校

但偶像归偶像，绝大多数人是不可能把银幕上的明星领回家结婚的。偶像放到心里，找一个适合自己的对象结婚，是非常现实的选择。组织也同样。那么，什么是组织需要的干部呢？

第一种，是全国人民学习的好榜样雷锋，这是具有创造性执行任务能力的榜样。1940年12月18日，雷锋出生于湖南望城县一个贫困家庭，7岁就成了孤儿，过着饥寒交迫的生活。新中国成立后，他进入学校读书。1960年1月，参加中国人民解放军，编入工程兵运输连。入伍后，他刻苦学习，努力工作，苦练军事技术。他除完成本职工作外，还经常利用节假日和休息时间做好事，助人为乐。他在日记中写道：要"把有限的生命，投入到无限的为人民服务之中去"，并全心全意地实践解放军"为人民服务"的宗旨。他殉职后，国防部命名其所在班为"雷锋班"。毛泽东亲笔题词，号召全国人民"向雷锋同志学习"。从此，全国广泛开展了学习雷锋的群众性运动。

雷锋是解放军培养出来的、能够创造性实践并完成组织使命和任务的杰出代表。雷锋是一名普通战士，但加入到解放军这个组织后，他把"全心全意为人民服务"这个组织宗旨融于自己的全部行为中，并全身心地身体力行。他在圆满完成自己的本职工作后，还继续在本职工作之外实践解放军的宗旨。而这种实践，又是每个人都能做到的小事。如，帮助列车员打扫车厢，帮助受灾的群众，等等。这种积少成多、长期一贯的创造性实践行为使全世界都知道：这个军队是这样要求他的成员的，也是通过许多小事的积累走向伟大的。

雷锋用自己的全部行为实践彰显了组织的使命。他忠诚于组织，忠诚于组织的事业，并以自己的行为成为组织成员的楷模。

第二种，是志愿军英雄邱少云，这是具有忠实执行能力的榜样。一级战斗英雄邱少云，1931年出生于四川省铜梁县关建乡的一个贫农家庭。1949年参加中国人民解放军，1951年参加中国人民志愿军入朝作战,牺牲前为解放军第 15 军第 29 师第 87 团第 9 连战士。1952 年 10 月,抢攻 391 高地的战斗就要打响了。11 日夜,担负潜伏任务的 500 余名志愿军官兵进入一片有 3000 米开阔地的潜伏区。邱少云带领的爆破组潜伏在距敌人前沿 60 米处一个小土坎旁边的蒿草丛中。次日中午 12 时,一颗燃烧弹在邱少云身边爆炸,燃烧液溅到了他的身上,烧着了他腿部的伪装,顿时形成了火团,把他紧紧包围起来。在他的身后就是一条水沟,只要后退几步,在泥水中打个滚,就可以把火压灭,保住自己的生命。但他深知,这样做就会被山顶上的敌人发现。为了 500 多名战友的生命安全,为了整个战斗的胜利,他不惊慌,不呼救,坚定地趴在地上,咬紧牙关,岿然不动。眼看着邱少云被大火吞噬而不能去救,战友们的心像在滚开的油锅里煎熬。但此时,理智要求大家谁也不能动,这是考验革命战士组织纪律性的严峻时刻。火焰仍在邱少云身上翻滚,他以顽强的意志忍受着烈火持续烧身的剧痛,最终献出了年轻的生命,却保证了战斗的胜利。为表彰邱少云烈士的崇高的集体主义精神和顽强意志,志愿军总部于 1952 年 11 月 6 日为他追记特等功,并于 1953 年 6 月 1 日追授他"一级英雄"的光荣称号。

组织需要这样的干部:他们具有很强的执行能力,并在执行中不打折扣、不讲价钱,哪怕牺牲自己的生命。

解放军的效率和战斗力,正体现于它培养造就了一大批能够忠诚于组织、能够不折不扣执行命令的成员。

企业如果有了能够不折不扣完成各项任务的"邱少云式员工",有了忠诚企业、忠诚于企业使命的"雷锋式员工",这个企业还能没有竞争力吗?

五、扶植军官:骨干是"折腾"出来的

当兵第二年,我当班长。

这是个在士兵中很荣耀的职务。由于我还是新兵，所以自己心里有些胆怯。指导员找我谈话，说：威信是领导给的，水平和能力是培养出来的。你不要怕，只要大胆工作，肯定能够胜任。

人才是组织培养的，人才的威信是领导给的。

我刚到作战连队带兵时，面对和自己年龄相仿，甚至年长于我的士兵，底气不足。上级笑着对我说：怕什么？能力是组织培养的。组织上培养你，你就有能力。威信是领导为你树的，领导让你有威信你就有威信。上级在你的下级面前肯定几次你的工作，战士就信你，你就有威信了。

在军队中，强调了官兵在人格上人人平等，但在能力和作用上，又强调了人与人是不同的。这种不同，来自于组织对个人的信任程度。

军队十分重视培养能够领兵打仗的人。仔细算下来，我在军中有一半时间在接受各种学习和培训：新兵训练结束后，部分骨干和优秀的士兵被选送到师（旅）、团一级教导队进行班长（士官）培训；拟任职务前，要去中级指挥学院、高级指挥学院进行培训……

我的经历不是特例，只是缩影。这种阶梯式的不断培养，使这个组织永远不缺领兵打仗的人。

干部的成长是个过程，需要不同岗位的磨练。在解放军中，军官的提拔是要看经历的。这种经历，就是拟任上级职务，需要有下一级，甚至是下两级职务的任职经历。举例来说：要当师长，必须要当过连长、团长。

以我自己的经历来说，我之所以能够从山沟中一直走进解放军统帅机关，并没有什么背景，主要靠两条：

第一，我在初级、中级指挥院校的培训经历。

第二，我在基层连队担任过主官，并在团、师和集团军机关担任过职务。

解放军锻炼干部还有一招：把优秀的干部放到艰苦的地方，赋予其"急、难、险、重"任务。这样，这些干部就有了立功和历练的机会。以我们今天的眼光看当今的中国人民解放军高级将领，从军委副主席到总参谋长，与其前任比，他们已经不是打天下的将领了。但是，他们都参与了20世纪80年代中期发生于中国南部的局部战争；他们毫无例外地都在多个部队、多种岗位的主官位置上经过历练。

一个具有竞争力的组织，其干部骨干结构是：**高层稳定，中层相对稳定，基层流动**。这种结构是组织具有持续发展力和竞争力的表现。解放军的组织建设，实际上正是这种架构的绝好例证。

我当指导员时，由于种种原因，在这个岗位上待的时间比较长，大约有5年时间。年轻军官是以提升为成功标志的，因此，在一段时间内，我的心情比较苦闷。团长找到我，说：干部都是这样，有进步（提升）快的时候，也有慢的时候，关键是要经受住考验。

经过这些年的职场历练，我总结出："折腾"是组织、老板考验员工忠诚度的手段。它说明你已经被老板看中，所以也可以说，被"折腾"是一种资格，是一种幸运。

从这个角度说，组织中的干部有必要接受各种历练和考验。

我接触到一些企业家、老板。企业创业时，由于缺人才，所以他们非常着急；企业发展时期，他们还在为人才发愁。他们始终不明白，**企业缺少能够"领军打仗的人才"的责任就在企业家、企业老板自己身上**。

任何组织的成功，除了具有正确的使命和策略以外，起决定因素的是干部。毛泽东曾明确指出：政治路线确定之后，干部就是决定的因素。任何成功组织的干部队伍，主要都是自己培养的，这是组织干部队伍的主要源泉。

第五章 解放军是所大学校

在一个完全市场化的环境中，企业所有行为均可以是市场化的，但在企业经营管理队伍的打造上，成功企业的经验表明：自己培养依然是主流。**把干部队伍寄托在"空降兵"身上，短期可以，长期不行；个别可以，普遍不行。**

许多企业创业领袖都羡慕联想的柳传志，因为他有两个好的接班人：杨元庆、郭为。但孰不知，老柳为培养这两个人，前后"折腾"了他们多年。

在联想，杨元庆和郭为是被"折腾"的典型代表。据说，他们是一年一个新岗位，"折腾"了十几年，换了许多岗位，才成为了"全才"。**"折腾"，其实就是公司对你的考验。**

你忠于公司吗？忠于老板吗？**不忠于公司和老板的人是得不到重用的。**你说你忠诚，用什么来证明呢？老板怎么才能知道你是忠诚的呢？所谓患难朋友才是真正的朋友，朋友是如此，企业与员工的关系更是如此。

企业在危机时，可以看出谁是忠诚的，那么在"和平时期"，考验忠诚的方法是什么呢？一个办法是老板单独面对员工，亲自跟踪员工的工作绩效，这样能迅速发现一些忠诚于公司的员工，但是这个办法仅适用于小范围，对于一个3000人的企业，就不可能采用这个办法。另外，跟踪绩效考核也只能知道员工的专业素质怎样，而很难检验出这个人是否忠诚于公司。因此老板就人为地制造出危机来，**"折腾"就是"检验忠诚"的很好办法。**

在企业中，老板承担的风险是最大的，企业完蛋了，老板可能要跳楼，而员工损失小，还可以到别的企业再去打工。

老板最相信的人是他自己，他怎么可能随便相信别人呢？更何况中国社会还没有建立起个人信用，所以老板的信任是一点一点给的，他要看你的表现，你表现了多少，他就给你多少。如果你想"出头"，就要有被"折腾"的准备，老板会不断地"折腾"你。因为他相信忠诚是考验出来的，不是听你嘴上说的。在

向解放军学习

公司"折腾"你的过程中,你能不能扛住,能不能坚持下来?如果可以,那你就是忠诚公司的,因为你用行动证明了这一点。

也许是由于从战争中走过来的缘故,培养后备干部,在组织上形成接替,是解放军干部队伍建设的一个特点。

我曾在解放军政治工作部门工作,政治部门中有一项重要的职责是干部调配。而调配的内容之一,是按照职权划分,为每个岗位配备后备干部。

我们发现,在解放军的干部队伍中,实际上是少有"黑马"的。即使出现了"黑马",你仔细分析就会发现,这些"黑马",其实是部队多年有意识栽培的结果,是经过"组织"多年有意识培养的好"苗子"。

在部队中,干部自然接替和储备,是从战略层面考虑的,它不仅是一种意识,而且有一套完整的操作制度,这样保证了重要岗位的人才需求。

培养接班人是企业的重要课题。近年来,随着时间的推移,中国创业代企业家面临着企业管理传承问题。如何交班、交给谁,成为一个现实的问题。2000年,当旧世纪行将结束的时候,联想创业企业家柳传志的接班人计划终于水落石出了,由此拉开了中国企业"领导者继任计划战略"的序幕。企业家们意识到,继任计划不仅包括公司最高管理层的继任人选,而且包括遴选所有关键职位的合适人选,此外,甚至还要为未来会出现的某些关键职位准备领导人才。

我们仔细研究优秀的企业,研究通用、雀巢等基业长青的百年企业,就会惊奇地发现:这些企业中有"新老交融",而少有"新老交替"——似乎永远是这样。如同平和心态的人才能长寿一样,市场景气虽有高有低,但**企业运行如没有大起大落,就能保持自己的健康,永续经营**。

六、我是一个兵：以"归零心态"创业

有这样一首军歌唱道：

> 我是一个兵，
> 来自老百姓。
> ……
> 枪杆握得紧，
> 眼睛看得清，
> 敌人胆敢侵犯，
> 坚决打他不留情。

这不仅是让几千万曾经参军的人能够熟唱的歌曲，而且是中国这个大地上的一首常唱常新的歌曲，是一首超越了时空界限的"时尚"歌曲。

在解放军中，"我是一个兵"，不仅适于士兵，而且适于所有人。下级在上级面前：我是一个兵；军人在政府面前：我是一个兵；将军在党的领导人面前：我是一个兵。

研究中国解放军，"我是一个兵"，实际上已成为一种文化。这种文化，使干部永远保持了一种"归零心态"：**无论官位多高、功劳多大，都是组织培养的结果，因此，永远不能骄傲自满，要始终保持普通一兵的本色。**

我们更多的是从荧幕中看到战争中的解放军军官，他们大多是勇敢地振臂一挥："跟我上！"——这是多少人心目中的定格形象。当我也成为一名带兵的人的时候，我确信，这是真的。我在解放军的基层部队带了3年兵。一个解放军军官靠什么挥舞指挥棒呢？只有身先士卒。而这种身先士卒的前提，是能够把心态放到普通一兵的位置，不高人一等。"我是一个兵"，是最好的

向解放军学习

表述。

相对于组织，领军打仗的人无论职位有多高、权力有多大，也是普通一兵的角色。这种文化，使解放军中没有能够凌驾于组织之上的将领。

企业同样如此。无论是企业所有者还是企业管理者，在企业应该有一种"归零心态"。我们常常见到这样一些经理人，把自己的能力放到一个不适当的位置，总认为"我就是企业"、"企业就是我"。这实际上是非常危险的：一害自己，使自己凌驾于企业之上。失去了组织平台，将一事无成。中国许多职业经理人在不断重复这样的低级错误。二害组织。在一个完全市场化的环境中，英雄创造历史的机会越来越少。一味把自我摆在不恰当的位置，忘记了组织的培养之功，就会成为失去部属，失去员工的孤家寡人，最终就失去了客户和市场，企业的生命也就走到了尽头。

学习解放军，企业上下叫响"我是一个兵"，对企业所有者来说，就是永远用创业心态经营管理企业；**对职业经理人来说，要时时懂得尊重"企业的所有者"——老板。**

第六章 榜样的力量是无穷的
——激励机制让人人成为先进

我参军到部队后，遇到的第一件事是争夺"小红旗"。班长为了鼓励我们11名新战士能整理好内务，用红纸制作了3面小红旗。每天早晨，大家评比，谁的被子叠得规范，就把小红旗放到谁的床头。为夺得这面小旗，我们11名新兵展开了竞赛。现在想起来，我们正是从争取获得各种"小红旗"开始成为一名真正军人的。

我直接到过数百个解放军团以下的作战部队，感到解放军是个英雄辈出的武装集团，各部队都因为有自己的英雄而感到自豪。这使整个组织具有了一种"争夺小红旗"的蓬勃向上的力量。

组织的成长需要两种武器："胡萝卜"和"大棒"。孰优孰劣是个很难有结果的话题，但毫无疑问，任何组织成员都更愿意接受"胡萝卜"。解放军组织在使用管理的"大棒"和"胡萝卜"这两种武器时，更多的是以"胡萝卜"为主的激励。这使所有参加过这个组织的人都有极大的成就感，也使他们对解放军这个组织具有心灵的依恋：那里是他们曾经取得成就的地方。

而在激励作用的发挥上，"榜样的力量是无穷的"这句话在解放军组织中具有现实意义。在解放军基层连队俱乐部，按照规定，要悬挂张思德、雷锋、黄继光、董存瑞等我们耳熟能详的英雄模范的照片。解放军这个组织深信，只要有了模范，就有了学习的榜样，就有了规范——这是组织最有效、最好的激励。

在解放军中没有超级明星，而是由一群普通人组成的优秀的组织，包括红军长征中抢渡大渡河的18勇士，张思德、雷锋以及这个组织中的外国友人白求恩，等等。但正是这些普通人成为了这个组织中的其他成员可以学习、效仿的榜样。而且，他们用自己的行为为后来的士兵们营造了梦想：他们能行，我也行。于是，整个组织具有了一种蓬勃向上的力量。

树立榜样，不是树立一个高不可攀的"神"，绝对不是造神，实际上是在成员身边树立一个可以感觉、可以学习，也可以达到的榜样、标杆。

我们站在人类文明发展历史长河的源头审视，一个非常有启示的现象是，永远是相对落后的、相对弱小的组织，最终战胜暂时强大、暂时先进的组织——没有落后和弱小在赶超中的战胜，就没有人类文明的进化和进步。我们再进一步审视研究，会豁然发现，暂时的落后、弱小者对先进和强大者的胜利，**在竞争的态势中，可以缺少资源、缺少人，但唯一不能缺少的是精神。精神是取得竞争胜利的坚强支撑。**

树立榜样，对组织来说，也是培养一种精神。两军对决中，**士气往往比武器更重要。**

一、立功和提拔：让80％的人员受到嘉奖

我到部队时年龄比较小，不到16岁。记得最让我激动的是，每天训练完后，连长在队列前讲评，对当天表现突出的战士提出表扬，尤其是对特别优秀的战士进行"口头嘉奖"。班长在班务会上也会对表现好的战士提出"口头嘉奖"。实际上，在所有参

第六章 榜样的力量是无穷的

军人员的档案中，都有立功受奖的记录。

部队中有严格的纪律，有严格的包括"关禁闭"、"军事法庭审判"等惩戒、刑罚措施，但更多的是从口头嘉奖开始到不同等级立功和提拔等在内的奖励。对大多数军人来讲，因为工作出色而披红戴花，为此他们可以不惜牺牲生命而换取这种荣誉。

激励应用得好，对组织是正效应；应用得不好，则可能损坏组织的健康。在军队的激励中，精神激励占有主要地位，物质激励只起辅助作用。精神激励是针对军人在精神方面的需求，采取有效措施，调动其积极性的活动。在战争年代广泛开展的杀敌立功运动，它有效地激发了指战员勇敢战斗、前赴后继地去夺取胜利。在现代军队管理中，精神激励还包括满足官兵的情感需要，鼓励他们参与管理，增加他们的工作兴趣等内容。

工作目标是工作激励的主要源泉。工作目标告诉员工需要做什么，以及需要作出多大的努力。具体化的工作目标可以使员工预期自己行为的目的和结果，减少行为的盲目性，提高员工自我控制的程度。如果工作目标的设定超出了员工个人的能力水平，则会令员工产生挫折感，丧失信心；如果过于简单，又会缺乏挑战性。

奖励如同是挂在树上的果子。果子的高度只有让摘果子的人跳一跳就能够到的时候，才具有吸引力。换句话说，我们**应当让大多数人都能摘到具有激励作用的果子**。

从人力资源开发的角度来说，现在理论界比较一致的看法是：一般企业员工的潜能只发挥了 20%～30% 左右，如果开发策略与方法得当的话，大多数人可以提高到 60%～70%，甚至更高，基本是原来的 2～3 倍。从这两对数字的比较，我们可以非常清楚地认识到，要想实现企业整体利益和长期利益的最大化，就必须把工作重点放在"大多数"人身上。假设占企业人数 90% 的员工每个人的潜能平均提高 10% 的话，其结果也要远远大于只占 10%

的"精英"们每人平均提高30%的潜能总值。

事实上，IBM早在几十年前就已经这样做了。它非常著名的"百分俱乐部"，表彰的就是企业中80%的销售人员。IBM处心积虑地制定业绩标准，以使得80%的员工能成为这个俱乐部的成员。在隆重的表彰大会上，那个正好达线的销售人员第一个出场，全场灯光熄灭，唯留一束舞台追光随着领奖人向前移动；大屏幕上是他（她）的名字和销售业绩以及巨幅头像。随着他（她）的出场，全场掌声雷动，不时还夹杂着主持人的调侃与幽默；名次越向前，下面的欢呼声越响亮。整个颁奖会表彰的不仅仅是个体，更闪烁着群体卓越的光芒。

激励机制主要是把激励的手段、方法与激励的目的相结合，从而达到激励手段和效果的一致性。激励的手段是灵活多样的，是根据不同的工作、不同的人、不同的情况制定出不同的制度，而绝不能是一种制度从一而终。

激励机制是一个永远开放的系统，要随着时代、环境、市场形式的变化而不断变化。这表现在企业在不同时期有不同的激励机制，从不同时期员工价值诉求的特点出发制定合理的、有效的激励方案，根据高科技企业发展的特点，设立多条激励的跑道。例如，让有突出业绩的业务人员和销售人员的工资和奖金比他们的上司还高许多，这样就使他们能安心现有的工作，而不是煞费苦心地往领导岗位上发展；他们也不再认为只有做官才能体现价值，因为做一名成功的设计员和销售员一样可以体现出自己的价值，这样他们就把所有的精力和才华都投入到最适合自己的工作中去，从而创造出最大的工作效益和业绩。这种理论始终认为，只激励一条跑道，一定会使跑道拥挤不堪，所以，**一定要激励多条跑道，这样才能使员工真正安心地在最适合他的岗位上发挥能力。**

激励的方式有多种多样。目前企业管理几种常见的激励措

第六章　榜样的力量是无穷的

施有：

1. 分红。是指当企业绩效超过预先确定的绩效目标时，企业员工和管理人员接受一定比例的奖金。

2. 绩效工资。员工由于自己的绩效贡献而得到的奖励。

3. 知识工资。企业对员工能够完成任务的数量的增加而增加的工资。是通过鼓励员工不断进行培训、熟悉业务等途径增加的工资。

4. 员工持股计划。是给予员工部分企业股权，允许他们分享改进和提高了的企业利润绩效。世界上一些大的企业，如沃尔玛、宝洁公司在管理上富有特色的一点都有员工持股计划这一条。

5. 股票期权。是企业所有者向主要经营者提供的一种在一定期限内按照某一既定价格购买的一定数量本公司股份的权利。

6. 弹性工作时间。包括奖励假期、带薪休假等等。

海尔在激励体制建立方面，除了在集团范围内的年度激励外，还形成了具有自己特色的横向月度激励及纵向日度激励体系。在横向月度激励方面，每月的评比是分层次进行的，按照本部级、本部内部处级及科级等级别进行评比。具体操作办法为：按照各岗位的主项、辅项指标的经营得分情况对相关人员进行排序，分为表扬类、批评类。对于表扬类人员找出其受表扬的创新角度及案例分析，对于批评类人员找出其业绩差的角度及进行相应的案例分析。在月度总结大会上，由相关人员自己总结。同时，相关领导对表扬类人员现场发奖金，对批评类人员宣读其负激励金额并在当月工资中进行扣除。将月度考核情况张贴于各显要位置，以此起到表扬先进、鞭策落后的作用。管理人员连续3个月受表扬可以进入上一层人才库；连续3个月受批评，则管理岗位降低一个级别。在纵向日度激励体系的建立方面，各层管理者根据其下属当日OEC日清表评出A、B、C三类，并分别找出创新原因及落后原因，予以激励并公布。

二、表扬和鼓励：学先进，赶先进

我成为带兵的人时，已在"中国红军第一师"服役10年。我父亲在解放军部队中从事了一辈子政治工作，他传授给我的带兵秘诀是：连队需要什么，你就表扬什么。他甚至说：在解放军中是抓什么有什么。**做任何工作，都要注意发现并树立榜样。**

对上述观点，我是十几年以后才真正理解的。

军队对组织成员积极性的调动，是从激励开始的。我们熟知解放军中出现的以董存瑞、雷锋等为代表的一大批各类英雄的事迹激励了一代又一代国人，而在连队中，这样的"学习英雄好榜样"的故事每天都在重复。

为了整理好内务，连队要定期组织内务卫生评比，而领先者则领回连队的"内务卫生优胜"红旗。

我到的这个连队，由于连队主要领导长期缺位，作风比较散漫，突出的是，几乎每晚都有脱岗、误岗的。解决这个问题有两种方式：第一是按照纪律条令，批评和处分脱岗、误岗的责任士兵。但实际上效果不大，因为此前连队已连续处分了几名战士。另一种方式，就是表扬和鼓励。我采取了后一种办法。一方面，我每天带人连续查岗；另一方面，在每天的晚点名中，表扬值勤好的班排和个人。这样，两周以后基本解决了这个问题。

"上有所好，下必甚焉。"**领导者的倡导，成为企业中员工努力的方向。**

2001年，在中国企业界有一篇出自企业家之手的著名文章——《学习万科好榜样》，声誉卓然。从大的方面说，万科是中国这一代企业的代表，它的发展之路，是中国企业发展的缩影。从小的方面说，要想建立一个长盛不衰的企业，就应该像万科这

样做。

海尔是个以服务、质量著称的制造性企业。张瑞敏为了抓好企业生存的质量关,用流水线普通工人的名字命名了一些工具和操作方法:"启明焊枪"、"云燕镜子"、"召银扳手"等。这种做法,为生产工人树立了榜样,激发了员工的工作责任心和创造力。正如张瑞敏自己所说:工人的干劲更高了,责任心更强了,产品的优质率提高了。企业能为客户提供真正的优质产品,从而也具有了竞争力。

建立激励系统是促使每个员工都渴求新知识的关键之处。美国哈佛大学管理学教授詹姆斯认为,如果没有激励,一个人的能力发挥不过20%~30%,如果施以激励,一个人的能力则可以发挥到80%~90%。因而企业应考虑员工的发展潜能和成就感,使之获得与其贡献相匹配的合理公正的报酬。在进行激励选择和设定时,应针对性地满足员工的需要,从而激发其创造的积极性。

管理学中有个"学先进、赶先进"的专有名词——对标。

对标也称"标杆管理"。其基本思想是通过规范且连续的比较分析,帮助企业寻找、确认、跟踪、学习并超越自己的竞争目标。用我们都熟悉的语言说,就是"比学赶帮超"。标杆就是榜样,这些榜样在业务流程、制造流程、设备、产品和服务方面所取得的成就,就是后进者瞄准和赶超的标杆。

标杆管理起源于20世纪70年代末80年代初美国学习日本的运动中,首开标杆管理先河的是施乐公司。1976年,一直在世界复印机市场保持垄断地位的施乐公司遇到了佳能等日本竞争者的全方位挑战,施乐的市场份额在那一年从82%直线下降到35%。面对威胁,施乐公司开始了针对日本公司的对标研究。对标的结果让施乐重新夺回了失去的市场份额。

今天,对标已经成为企业战略计划的工具之一。营销管理学家菲利普·科特勒说:一个普通的公司和世界级的公司相比,在

向解放军学习

质量、速度和成本绩效上的差距高达 10 倍之多。**对标是企业在竞争市场中如何赶超对手的一门艺术。**倡导对标思想与经营模式的施乐公司则认为:"对标是一个不断地和竞争对手及行业中最优秀的公司比较实力、衡量差距的过程。对标实质上是将我们的注意力由削减价格、控制支出的方面移向外部,去了解和关注那些真正为消费者所注重的内容。"

对标的关键,在于选择和确定学习对象和标准。对标的实践鼻祖、施乐公司的 Robert Camp 曾指出:对标是对产生最佳效果的行业最优经营管理实践的一种探索。因此,它要求的是在经营管理实践方面"优中选优",要求达到最优模式和最优标准,也就是盯住世界水平。只有盯住世界水平,才能把企业发展的压力和动力,传递到企业中每一层级的员工和管理人员身上,从而提高企业的整体凝聚力。

唐太宗李世民曾说:"以铜为鉴,可正衣冠;以古为鉴,可知兴替;以人为鉴,可明得失。"对标是**在自己面前树立一面镜子:明得失,找差距,不断进步。**

做企业,同样如此。

三、舍身堵枪眼:敢打硬仗,"剩"者为王

人是要有一种精神的。人的主观能动性的充分发挥,会为组织创造无法估量的效益。

解放军十分注重培养成员的这种革命英雄主义精神。

一次,一位台湾企业家问我,当年,志愿军为什么能够战胜全部用美式装备武装起来的国民党军队?

我给他讲了这样一段史实:半个世纪前,志愿军与以美国为首的"联合国军"在朝鲜战场相遇。入朝第一战,云山之战,志愿军第 39 军重创美王牌军——陆军第 1 骑兵师,消灭 2000 多联

合国军。时任美陆军参谋长的柯林斯将军在回忆录中写道:"作为乔治·巴顿将军的部属,霍巴特·盖伊师长怀着沉痛心情,咽下了一杯苦酒。"美军驻朝鲜陆军总司令兼第八集团军司令沃克中将毙命于二次战役。第九军军长穆尔少将在第四次战役中空难身亡。

在美国操纵下,联合国军先后委派了三任驻朝总司令:第一任联合国军总司令麦克阿瑟五星上将被撤职,第三任联合国军总司令克拉克将军被迫在停战协定上签字。后来,克拉克将军曾说道:"我是第一个在没有获胜的战争中签字的美国将军。"

听到这些,这位企业家非常惊愕,问我:真的?后来,他读了我推荐的几本有关朝鲜战争的书后告诉我:我明白了。

在我们的部队中,有"轻伤不下火线,重伤不进医院"之说。在我当战士的时候,驻地一家野战医院收治了一个患急性阑尾炎的战士。按惯例,需要手术切除病变阑尾。这是外科常规手术。在手术台上,当护士注射完麻药,主刀医生用手术刀划开病人腹部时,病人大叫一声。在场的医生、护士都不屑地皱皱眉。器械护士鄙夷地说:"还是'红一师'的兵呢,阑尾炎手术还怕疼?"

这个战士果然紧紧闭住了嘴。手术结束后,在场的人发现,战士虽然再没有叫唤,但已经休克。清点发现,因护士粗心,术前给战士注射的不是麻药,而是生理盐水。

中国传统故事"刮骨疗毒"的真伪我们无法考证,但在红军将领中确实有这样的故事。

> 原总政治部主任余秋里将军是解放军中的独臂将军。红军时期,时任团政治委员的他,为掩护团长,被炸负伤。由于当时医疗条件所限,受伤的臂膀没有及时有效治疗,化脓了。为了保住性命,只有截肢。当时没有麻药,做完手术后,余秋里咬烂了口中的棉絮,大汗

淋漓的他幽默地说："睡了个好觉。"

20 世纪 80 年代中期，曾有一首流行歌曲广受欢迎：

"我是一匹来自北方的狼，走在无垠的旷野中。凄厉的北风吹过，漫漫的黄沙掠过……"

那时，我在北方山区部队带兵。当我望着苍凉的大地，听到这首歌时，很自然地被那种萧索悲凉的意境所打动。猎人都知道，狼这种动物十分具有灵性，具有团队精神。过去，我们更多的是把"狼"作为贬义词，实际上，对一个竞争性组织来说，没有比用"狼"来形容更恰当的了。我以为，解放军的文化，更多的就是一种"狼性文化"。

我经常想，当一个个体的人脱离解放军这个集体时，他有可能是只"羊"；但当许多个体的人聚集在部队中时，他们绝对是一群"狼"。

解放军把"绵羊"培养成为敢于战斗、不畏牺牲的"狼"。

在解放军所有连队的会议室、俱乐部的墙上，有由总政治部统一印制的英雄画像。20 世纪 50 年代初，志愿军第 15 军（现为空降 15 军）四川籍战士黄继光跃身扑向敌人碉堡的形象，教育了几代军人。在解放军的文化中，把士兵培养成为黄继光式的英雄，是部队的教育内容之一。所以，在一支不惜以生命换取胜利的部队面前，还有什么敌人不能战胜呢？

李敖是台湾作家，曾在国民党军队中服役。2004 年 7 月，他在凤凰卫视的一个谈话节目中讲了这个故事。他说："解放军中有许多这样的将军和士兵。这样的军队是不可战胜的。"

"狭路相逢勇者胜。"在激烈的市场竞争中，企业需要敢于舍身堵枪眼的"黄继光式"员工。这种员工，其作用是无法用金钱来衡量的。

企业竞争如同打仗。在势均力敌的情况下，谁能够胜利，完全看谁能够"坚持最后五分钟"。**在市场竞争中，大多数时间不**

是"胜者为王",而是"'剩'者为王"。

培养敢于"舍身堵枪眼"的英雄,也是一种激励、奖励。据说,拿破仑在一次打猎的时候,看到一个落水男孩,一边拼命挣扎,一边高呼救命。这河面并不宽。拿破仑不但没有跳水救人,反而端起猎枪,对准落水者,大声喊道:你若不自己爬上来,我就把你打死在水中。那男孩见求救无用,却反而增添了一层危险,便拼命地奋力自救,终于游上了岸。

故事的真伪我们且不去管它,但故事的寓意告诉我们:在组织中,对待自觉性比较差的员工,无须一味地为他创造良好的软环境,去帮助他,并不一定非让他感受到"胡萝卜"的重要,有时还需要"大棒"的威胁。偶尔利用你的权威对他们进行"威胁"式的激励,会及时制止他们消极散漫的心态,激发他们发挥出自身的潜力。自觉性强的员工也有满足、停滞、消沉的时候,也有依赖性,**适当的批评和惩罚能够帮助他们认清自我,重新激发新的工作斗志**。

柳传志是联想的支柱。2004年,联想成功收购IBM全球PC业务后,他在回答记者关于"为什么2001年要把班交给杨元庆"的问题时说:当时我们也考虑"空降"——在香港或海外找一名能当大任的管理人"空降"联想并不太难,但找一名不管遇上多大压力都能说实话,又有上进心的年轻人,实在很难。1994年,杨元庆出任PC部门主管时,没有经验,不能适应,但他从不妥协,敢于打硬仗,使联想PC业务走上正轨。企业领军人物要明白办企业不进则退的道理,在市场上要有敢闯、敢冲的精神。这是我们选择杨元庆的原因。事实证明,联想董事局的选择是正确的。

四、按绩奖惩:让员工看到"记分牌"

日落西山红霞飞,

向解放军学习

战士打靶把营归把营归。
……
歌声飞到北京去，
毛主席听了心欢喜。
夸咱们歌儿唱得好，
夸咱们枪法数第一。
……

《打靶归来》这首传唱了几十年的歌，今天依然是部队中战士们热唱的歌曲。

我参加过无数次射击训练。打靶最能反映战士的训练成绩，反映部队的训练水平。所以，每次射击完毕，大家都紧张地等待报靶员报出成绩。如果成绩好，连长、指导员一定会嘱咐炊事班蒸包子、加菜，甚至会餐；此外，还有嘉奖、立功等荣誉性奖励；如果是特级射手（神枪手），可能还有机会晋升为军官。

知道士兵们打了几环，也基本上确定了士兵在完成任务、受到奖励等等方面的奖惩等级。

在军队，奖励有明确的标准，由于有这个标准，奖励变成了一件透明的事情。士兵与军官实际上知道自己处于什么位置，应该得到什么奖励。如同在竞技场上的运动员。在运动场上是一定要有记分牌的。记分牌的作用，很重要的一条，是让运动员随时了解自己在场上奋力拼争之后的得分。

企业员工的工资是谁发的？毫无疑问，是市场。如何让员工感受到市场压力呢？张瑞敏说："每个人都有一个市场，每个人也都是一个市场，每个人都有指标。如果落实到你身上没有什么指标，那你就下岗了。"

1998年，张瑞敏提出了海尔市场链的思路。其后，海尔逐步推进这项工作，大致走了以下四步：

第一步：将外部市场的竞争效应内部化。具体体现为三个转化：外部指标转化为内部指标，内部指标转化为个人指标，个人指标转化为个人收入。

第二步：体现市场链的 SST 机制。SST 是索酬、索赔、跳闸的汉语拼音第一个字母。所谓索酬，是指上道工序按规定标准、时间和数量，为下道工序提供了自己的产品，而向下道工序索要应得的薪酬。所谓索赔，是指由于上道工序的产品在质量、数量和时间要求多方面出现了问题，而影响或增加了下道工序的工作，下道工序因之向上道工序提出索赔。所谓跳闸，是指所有工序中的任何一个人发现了问题，可以随时关闭生产线，发挥闸口的作用。

第三步：搭建操作平台以推进市场链进程。

第四步：负债经营。就是指企业的总负债表转化分解成每个员工的小负债表，落实到每个人，使每个人得到发展。

而市场工资，就是对前四步工作的深化。实行市场工资后，企业的主要目标由过去的利润最大化转向以用户为中心，以市场为中心，每个人的利益都与市场挂钩，具体做法就是 SST。

很多时候，企业员工是在看不到"记分牌"的情况下开展工作的。作为管理者，需要在企业内创造这样一个机会，一个通过提供反馈，从而以一种有力的方式提高员工绩效的机会。反馈指的是有关员工工作绩效的信息，员工利用这些信息提高工作成果、改进工作流程。而最佳途径就在于反馈必须使任务清晰度最大化，认清工作方法与工作结果之间的联系。好的反馈系统可以帮助你跳出思维定势。我们可以通过与员工合作设计流程来实现。首先设定一个明确的目标，说明充足的理由，再配以能够使为实现目标而采用的清晰可见且可量化的评估标准。平常我们不需要事无巨细地监督员工的执行情况，管理者需要做的是定期检查反馈系统，确保其目标明确、运作正常且能加以改进。**这是一种参与式的流程，它鼓励员工更多地参与到属于自己的反馈系统**

的设计和管理中，最大限度地激发员工的积极性。

五、论功行赏：及时考核

根据解放军《纪律条令》的规定，对军队个人和单位的奖励项目包括嘉奖、三等功、二等功、一等功和授予荣誉称号。嘉奖为最低奖励，荣誉称号为最高奖励。对于立功和获得荣誉称号的个人，授予不同形式的奖章，并给予一定的物质奖励；对于立功的单位颁发奖状；对于获得荣誉称号的单位授予奖旗。同时，对获得三等功以上奖励的兵、军士，可以提前晋衔；对获得二等功以上奖励的士官，可以提前晋衔或者提高职务（专业技术）等级工资档次；对获得一等功以上奖励的文职干部，可以提前晋级或者提高职务（专业技术）等级工资档次。

正是这种激励的科学化，减少了激励在组织中的负效应。

企业同样应该如此。

海尔有一句非常流行的话：**今天工作不努力，明天努力找工作**。让海尔员工感到巨大压力的，首先是公司"三工并存，动态转换"管理办法的实施。

所谓"三工并存，动态转换"，是指全体员工分为优秀员工、合格员工、试用员工三种，分别享受不同的三工待遇（包括工龄补贴、工种补贴、分房加分等），并根据工作业绩和贡献大小进行动态转换，全厂公布。

海尔有一套完善的绩效考核制度：业绩突出者进行三工"上"转，试用员工转为合格员工，合格员工转为优秀员工；不符合条件的进行三工"下"转，甚至退到劳务市场，内部待岗。退到劳务市场的人员无论原先是何种工种，均下转为试用员工。试用员工必须在单位内部劳务市场培训3个月方可重新上岗。同时，每月由各部门提报符合转换条件的员工到人力资源管理部

门,填写《三工转换建议表》,然后由人力资源管理部门审核和最后公布。

对于刚毕业的大学生,其典型的转换历程往往是这样安排的:

首先到生产一线、市场一线等部门锻炼,1年期满后,由人力中心公布事业部所需人数及条件,本人根据实际情况选择岗位。如果经考核合格,则可以正式定岗,同时转为合格员工。在合格员工的基础上,工作3个月,如果为企业作出很大贡献,被评为标兵、获希望奖等,可以由部门填写《三工转换建议表》,并交到人力资源管理部门审核。审核合格后,发给当事人转换回音单,通知已转为优秀员工,并在当月兑换待遇。

在海尔集团内部,三工的比例保持在4:5:1,整个转换过程全部实行公开招聘、公平竞争、择优聘用。通过"三工转换",员工的工作表现被及时加以肯定,解决了员工在短时期内得不到升迁、积极性受到影响的问题。员工逐步培养起"今天工作不努力,明天努力找工作"的职业意识,调动了工作积极性。一部分员工三上转,成为优秀员工,在一定程度上实现了自我价值。

美国通用公司这艘企业界航空母舰的管理之道,一直被人们奉为管理学的经典之作,而通用公司的考核制度则是其管理秘籍中的重要篇章。

从通用(中国)公司的考核制度中可以发现其考核秘籍的重点所在。通用(中国)公司的考核内容包括"专"和"红"两部分。"专"是工作业绩,指其硬性考核部分;"红"是考核软性的东西,主要是考核价值观。这两个方面综合的结果就是考核的最终结果。年终目标考核有四张表格:前三张是自我鉴定,其中第一张是个人学历记录,第二张是个人工作记录(包括在以前的公司的工作情况),第三张是对照年初设立的目标自评任务的完成情况。根据一年中的表现,确定自己哪些方面是强项,哪些方面存在不足,哪些方面需要通过哪些方式来提高,需要得到公司的哪些帮助,对未来的一年或更远的将来有哪些展望等。前总裁韦尔奇在当年刚加入通用公司时就在他的个人展望中表达了他要成为通用公司全球总裁的愿望。第四张是经理评价。经理参考前三张员工的自评,填写第四张表格。经理填写的鉴定必须与员工沟通,取得一致的意见。如果经理和员工有不同的意见,必须有足够的理由来说服对方。如果员工对经理的评价有不同的意见,员工可以与经理沟通,但必须用事实来说话。如果员工能够说服经理,经理可以修正其以前的评价意见;如果双方不能取得一致,将由上一级经理来处理。

激励和奖励对有经验的管理者来说,运用得好也是门艺术。我在解放军基层带兵时,我的团长喜欢打扑克牌。哪个连队工作突出,他就用周末时间到这个连队和干部战士们打几把扑克。我们那时把团长到连队打扑克当成了一种"奖励"——连队认为这是件很荣誉的事。

我到企业后,听到过这样一个关于奖金发放的故事:

企业的一名销售人员兢兢业业,取得不俗业绩,公司决定奖励他13万元。年终,总经理把他单独叫到办公室,对他说:"由于本年度你工作业绩突出,公司决定奖励你10万元!"业务员非常高兴,谢过总经理后拉门要走,总经理突然说道:"回来,我问你件事。今年你有几天在公司,陪你妻子多少天?"该业务员回答说:"今年我在家不超过10天。"总经理惊叹之余,拿出了1万元递到业务员手中,对他说:"这是奖给你妻子的,感谢她对你工作无怨无悔的支持。"然后,总经理又问:"你儿子多大了,你今年陪他几天?"这名业务员回答说:"儿子不到6岁,今年我没好好陪过他。"总经理激动地又从抽屉里拿出1万元钱放在桌子上,说:"这是奖给你儿子的，告诉他，他有一个伟大的爸爸。"该业务员热泪盈眶，千恩万谢之后刚准备走，总经理又问道："今年你和父母见过几次面，尽到当儿子的孝心了吗？"该业务员难过地说："一次面也没见过，只是打了几个电话。"总经理感慨地说："我要和你一块儿去拜见伯父、伯母，感谢他们为公司培养了如此优秀的人才，并代表公司送给他们1万元。"这名业务员此时再也控制不住自己的感情，哽咽着对总经理说："多谢公司对我的奖励，我今后一定会更加努力。"

同样是13万元，如果企业老总直接将钱发给这名销售人员，而不假以各种调动感情的名目发放，那效果我们可想而知。这就如同将胡萝卜做成沙拉，同样的材料稍做加工，拌上美味的沙拉酱，就可更大程度地调动人的胃口。

第七章 天下是谈出来的

——有效沟通创造无限价值

解放军的组织内部建设，很重要的一条是以"谈心谈话"为主要方式的沟通。记得我刚入伍不久，一天熄灯号响过后，排长把我约了出去。我们一人一个小凳子，坐在营房的山墙下，看着月光拉开了家常——这是我参军后第一次与干部谈心的情景。多少年过去了，年轻时的许多事情已经淡忘，当时谈心的具体内容在记忆中已经渐渐变得不清晰，但谈心的情景每每想起，却依然历历在目，依然是那样温馨。我想，凡是在解放军这个组织生活过的人，几乎都有与我一样的经历。"谈心谈话"是许多人心中抹不去的一段愉快、美好的记忆。

解放军用谈心谈话的制度和方式，简单便捷地实现了任何组织都希望达到的建立组织沟通，从而提高组织效率的目的。

以我在解放军23年的生活和在著名跨国公司10年的经历，我以为，如果用核心竞争力来表述，**解放军的核心竞争力源于其内部沟通机制：普遍的谈心谈话**。其效果就是：解放军这个组织的效率和战斗力来源于这个组织中所有人员用心，甚至用生命对组织的参与，这是其他任何组织极其渴求的境界。

组织的出现是人类沟通的结果。在企业中，沟通起到了控制物流、资金流和信息流的作用，是组织凝聚力、竞争力的辅助剂。我的一位朋友在一家年销售额百亿元的企业做总裁。他深有感触地说："我每天都在与不同的人谈话。谈话是我的主要工作。"

在小企业，领导的责任很大程度是身体力行地"干"；待企业有了一定规模，领导的主要职责便是沟通：与投资者（股东），与部属、员工，与市场客户，与供应商，等等。

联想董事局主席柳传志要求其接班人必备的条件之一，就是具备沟通能力。

由于儒家文化的浸润，国人性格比较内敛，大多不善于在公众场合表达自己的观点，私下里谈心谈话便成为国人沟通的主要方式。毛泽东深谙国人的性格。1949年3月13日，在中国共产党第七届中央委员会第二次全体会议上，毛泽东专门作了《党委会的工作方法》的报告，其中讲到：要"互通情报"。党委各委员之间要把彼此知道的情况互相通知、互相交流。他甚至批评有些领导"鸡犬之声相闻，老死不相往来"。还要有"安民告示"。开会要事先通知，像出"安民告示"一样，让大家知道要讨论什么问题，解决什么问题，并且早做准备。他强调："如果没有准备，就不要急于开会。"

"互通情报"和"安民告示"，都需要一对一的沟通——谈心谈话。

杰克·韦尔奇说：企业领导人的工作成效与能否同下属沟通具有成百上千倍的正效用。为此，我每天都在努力深入每个员工的内心，让他们感觉到我的存在。即使我出差在很远的地方，我也会花上16个小时与我的员工沟通。他甚至深有感触地描述自己的工作：我80%的工作时间是与不同的人谈话。

社会组织行为学认为，在组织内是否融洽的同事关系，能直接影响组织效率的高低。对于大多数人来说，从事工作不仅仅是为了挣钱和获得看得见的成就，还可以满足社会交往的需要。所以，友好和支持性的同事关系会提高对工作的满意度。而在同事关系中，上司的行为是决定满意度的重要因素。据美国普林斯顿大学对 1 万份人事档案进行调查分析后发现，"智慧"、"专业水平"和"经验"只占成功因素的 40%，其余 60% 取决于良好的"沟通"。

天下是谈出来的，财富更是谈出来的。

所谓"财富是谈出来的"，不仅表现为内部的沟通，还表现为对外的沟通。**沟通成功与否，决定了企业的成败。**

一、美军也学解放军：谈心谈话

沟通在解放军内部被称为"谈心谈话"。

向中国的解放军学习，在美国五角大楼也曾是句响亮的口号，并把这作为 20 世纪 80 年代美国军队开展重建活动的一项重要而实在的内容。学习的主要内容是"谈心谈话"，甚至照搬了解放军的一些具体做法。

越战期间，美军官兵矛盾非常深。内部凝聚力之差，降到建军以来的最低点。据美军自己统计，越战阵亡的 5600 多名军官中有 1013 名是被自己的士兵打死的，占阵亡人数的 18%。应该说，越战后一个时期，是美军军队建设最黑暗的时期。也就是从这个时期开始，美军开始了建军以来最大规模的"重建军队"活动。其中重要的一条，是如何构建融洽的官兵关系。

他们为此吸收借鉴了中国人民解放军的经验和做法，并采取了相应措施改善官兵关系。为此，美国陆军首先要求领导者经常找下级谈心，了解和解决部属的思想问题和生活问题；要求军官、军士与士兵保持经常性的个别谈话，进行"训导"和"感化"；要求通过召开"意见"听取会，进行"双向对话"、"自由交换意见"等，消除上下级之间的隔阂，还要求牧师、医务人

员、军队勤务机构的官兵都要开展个别谈话活动。美国空军在这个期间甚至提出并制定了士兵"提建议计划"。五角大楼把原来在作战单位不固定的牧师制度逐步改为在编专职牧师制。牧师在部队的职责就是沟通,主要工作任务是与官兵谈心谈话,为官兵服务:官兵有经济困难,他可以想办法募捐;官兵有心理问题,他可以启迪、开导;官兵的任何事,甚至羞于向父母透露的都可以跟牧师说,而牧师永远不会宣扬出去。

世界上任何企业组织都面临着同样的问题:如何最大限度地从成员身上获得回报。当然,这种回报既可表现为经济利益,更可表现为忠诚。企业与军队一样,作为特殊组织,成员对企业的利益贡献与忠诚都至关重要——**希望成员最大限度创造价值,这形成了组织对外的竞争力;希望成员对组织忠诚,这形成了组织的凝聚力。**

解放军官兵对组织的忠诚,是中国近现代任何组织所不可比拟的。解放军自初创迄今的漫长历史时期中,尽管与各个历史时期的主要作战对象比,在武器装备上几乎一直处于劣势地位,但是自身发展的轨迹一直呈现由弱到强、由小到大的上升趋势。最大限度地调动起全体士兵的积极参与,并把这种参与放到与自己的信仰、使命甚至生命同等重要的位置,用劣等武器战胜装备了优势武器的敌人,便是解放军的优势。这种优势的取得,得益于解放军独特的内部关系建设:方式是谈心谈话,结果是群众性练兵活动的开展。

企业同样需要学习解放军的"谈心谈话",而且,企业的"谈心谈话"不仅是上层与员工间谈,最重要的是企业管理层之间的沟通。

大量的研究和企业实践表明,不团结和不协调,是中国企业中存在的重要痼疾,特别是在高层管理者之间。企业高层管理者是制定发展战略、进行绩效和对利益相关者管理评估等实际操作的群体,由于在成员构成方面的差异性和层级结构上的特殊性,加上华人中不服输的"鸡头"文化的影响,在高层管理团队成员间更容易产生误解,而误解一旦产生,就难以形成有效沟通,由此所造成的损失比一般员工间产生误解所造成的损失要大得多。所以,在高层团队中营造公开交流、团结协作的氛围,倡导"谈心谈话",避免沟通障碍造成的损失,就显得十分必要。

著名成功学大师卡内基说:"所谓沟通就是同步。每个人都有他独特的地方,而与人交际则要求他与别人一致。"**沟通是一种能力**,不是一种本能。本能天生就会,能力却**需学习才会具备**。

二、"一对一"的沟通:财富是谈出来的

解放军的谈心谈话是制度、是文化、是光荣传统,也是这个组织加强内部建设、促进内部团结统一的手段和途径。

能够也善于与部属、战友"谈心谈话"是解放军军官、士官的基本功,是政治工作干部必备素质之一。

我在基层带兵时,每个连队都有"经常性思想工作簿",这是由连队政治指导员保管、列为移交的本子。里面专门记载连队所有战士的籍贯、学历、入伍前的简单经历等基本情况;记载着指导员每次与各个战士谈心的时间和主要内容。部队规定,班长每周、排长每月、连长和指导员每季度都要与部属进行一次谈心谈话,重点战士、官兵出现各种实际问题时要随时谈。官兵出现思想问题、家庭困难、心理障碍等问题,都需要领导出面谈心沟通。

解放军的谈心谈话是一对一的。有意思的是,虽然这种"一对一"的谈话形式、内容是具体真实的,但谈话对象所表达的意愿、意思,则可以是非正式的,甚至是"私密"性的。有时候,

一些战士对其他干部有意见,对部队一些工作安排有看法,等等,这些不便于公开表达的内容,可以在谈心谈话中表达。而表达的结果,只是表达而已,干部只是一个倾听的对象。

广泛、经常的谈心谈话活动,不仅使解放军组织内部具有很强的融合性,而且化解和消除了许多不和谐矛盾,实现了内部高度的团结统一。这对企业很有启迪作用。

"一对一"的沟通是中国人的传统习惯。在中国各种组织中,**最有效的沟通方式是这种"一对一"的谈话交流。**

我发现,改变中国近当代历史的,有波澜壮阔的革命,有风云激荡的战场,但更多的是在会场、会议桌上。但有经验的谈判者都明白,谈判和会议的功夫在会议桌之外,在谈判之前。

我的一位老上级做了一辈子军队政治工作,他曾深有感触地对我讲:"天下是谈出来的。"

对这句话的理解,随着年龄的增长和岁月的流逝,我的体会越来越深。

红军第五次反"围剿"失败后,中央红军被迫进行战略转移。在国民党军队重兵围追堵截中,湘江一役,红军损失过半。危急时刻,中央领导人都在思考党和军队的前途问题。行军路上,重病在身躺在担架上的毛泽东等中央领导人不断进行一对一的谈话交流。由于"担架会议"达成共识,才有了标志着中国革命巨大转折的遵义会议。

军队与企业一样是有等级的组织。没有了等级也就没有了命令、服从与执行。**在一个分等级的组织中,沟通成为提高组织效率的必备条件。**

解放军的沟通机制主要是谈心谈话。在解放军中,谈心谈话可以说是无处不在。军队《经常性思想政治工作条例》中规定:不仅上级要经常与下级谈心谈话,同级间也要广泛开展谈心谈话活动。而且明确规定了谈心谈话的时机:在执行重大任务前,在

向解放军学习

完成重大任务后,在官兵家庭个人出现实际问题时,同事间出现隔阂时,新战士补充部队时,老战士离队前等等,都需要进行谈心谈话,以此化解矛盾,增强沟通,提高组织内部共通性。

谈心谈话是解放军内部建设的重要内容,是解放军思想政治工作的光荣传统,是解放军政治工作干部的基本功。通过谈心谈话,军官、上级了解、教育和帮助了部属,增强了上下级之间的信任;同事间进行了思想沟通、感情交流,实现了相互帮助,共同提高,增进了团结。广泛多层次的谈心谈话制度化解了组织内部的摩擦和不协调,使组织内部实现了融洽和统一,提高了组织的效率和战斗力。

对企业来说,当今时代是个沟通的时代。沟通是组织赖以生存的重要过程。

有人曾做过这样的调查:杰出企业内部沟通存在着共性,有两个"魔力数字"。这两个数字可以反映出杰出的组织内部管理的沟通水平与一般企业之间的差别。第一个魔力数字是6。一般而言,只有当企业的管理者把所需要公布的信息用多种方式沟通6遍以后,才能够让雇员有效地理解和记忆这些内容。这6遍的沟通可能是面对面的交流,也可能是 E-mail 的阅读。为表示公司高层的承诺和重视程度,管理者可以在不同的场合和地点,通过不同的媒介来反复公布信息。另一个魔力数字还是6。优秀组织的内部信息沟通频率是一般企业的6倍。这些企业的管理者将更多的时间和精力用于企业的内部沟通。

按照马斯洛的观点,人在满足了生存、安全的需求之后,就渴望得到尊重,希望人格与自身价值被承认,这是人类共同的特质。

优秀的企业是沟通出来的。

联想《企业文化手册》明确写道:

亲情:放开自我,让别人了解你的需求,让别人了

解你的困难，让别人知道你需要帮助。主动了解他人的需求，让他人感到能得到理解和帮助。

五多三少：多考虑别人的感受，少一点儿不分场合的训人；多把别人往好处想，少盯住别人的缺点不放；多给别人一些赞扬，少在别人背后说风凉话；多问问别人有什么困难，多一些灿烂的微笑。

沟通是合作的基础。

万科董事长王石先生说：我是个职业董事长，我领导万科的秘诀，就是不断地交谈沟通——与投资人、股东、经理层和员工。

企业家必须懂得运用沟通的方法，保证来自同事和下级的最大限度的合作。**拒绝沟通，也就意味着拒绝与别人的合作。**

在企业管理中，善于与别人沟通的人，一定是善于与别人合作的人；不善于与别人沟通的人，也一定是不善于与别人合作的人。 善于与别人沟通的管理者，能用诚意换取下属的支持与信任，即使管理过于严厉，下属也会谅解而认真地执行；不善于与别人沟通的管理者，即使命令再三，下属也不愿意接受，其结果必然是怠慢工作。这样的管理者肯定难有大作为。许多有实力的人最终没能成就大事，往往是因为他们不善沟通，不能最大限度地发挥其下属的积极性。

沟通是管理的真谛。一个企业要实现高速运转，要让企业充满生机和活力，有赖于下情能为上知，上意能迅速下达；有赖于部门之间互通信息、同甘共苦、协同作战。良好的沟通能让员工感觉到企业对自己的尊重和信任，从而产生极大的责任感、认同感和归属感，促使员工以强烈的责任心和奉献精神为企业工作。此外，沟通还能化解矛盾、澄清疑虑、消除误会。

谈心谈话的根本目的，是加强组织内部的联系、密切组织内部成员之间的关系。从这个意义上说，谈心谈话既是过程也是结果，更是检验内部关系如何的试金石。

此外，谈心谈话在网络时代的今天可以成为一个创造财富的产业。

在中国有很多人不知道马化腾是谁，但很少有人不知道那个以可爱的小企鹅形象为代表的聊天工具——QQ。截至2004年底，每13个中国人中就有一个人使用QQ这个网上谈话、聊天工具。2004年11月，美国《时代》周刊和有线新闻网（CNN）评选的2004年全球最具影响力的25位商界人士中，马化腾榜上有名。

一个青年，多年来把"谈话、聊天"当事业，在网络即时通讯领域干出了一番引人注目的成绩。1993年，毕业于计算机专业的马化腾工作之余，像许多这个时代的年轻人一样，怀抱着财富梦想。后来，网络给他启发：在网络上聊天、谈话，满足中国人渴望沟通的需求。他认定"聊天"中隐含着巨大商机。1998年，马化腾筹措资金与朋友注册了自己的公司——腾讯。公司创建3个月后，马化腾和同事们终于开发出第一个"中国风味"的QQ。马化腾抱着试试看的心态把QQ放到互联网上让用户免费使用。连马化腾本人也没有料到，不到一年就发展了500万用户。2004年6月份，腾讯成功在香港上市，募集了2亿美元的资金。当年，腾讯盈利达3.8亿元人民币。

效率是谈出来的，财富更是谈出来的。为人们创造、提供沟通机会，可以创造出巨大的市场。

2004年，中国联想高调宣布收购IBM。在此前后，有多家中国企业开始高调国际化征程。中国企业军团的举动引起世界关注。但截至2006年底，以联想、TCL为代表的一大批中国企业陆续遭遇国际化征程中的滑铁卢。实际上，几年前就有专家提醒：在企业兼并收购中，**资金和资产的整合容易，文化和人的心理整合难**。而往往最终决定兼并收购成功与否的不是资金和资产的整合，而是文化的认同。尽管联想为此不仅把总部搬到美国，而且董事长杨元庆也开始学习英语，但事实证明仅此是远远不够的：两种企业文化间的沟通障碍，是并购陷入被动的主要原因。而铲除障碍，需要沟通，需要机会，需要时间。

三、尊重士兵：给员工一个舞台

谈心谈话的基础是平等。解放军的谈心谈话，是建立在官兵平等基础之上的。这个基础，前提是"尊重士兵"。如果没有了平等，也就失去了谈心谈话的意义，更不可能有什么效果。

毛泽东曾说："我们的任务是过河，但是没有桥或没有船就不能过。不解决桥或船的问题，过河就是一句空话。不解决方法问题，任务也只是瞎说一顿。"在解决组织内讧中，"船"和"桥"是什么？——沟通交流，群策群力，也就是民主。

1965年，毛泽东重上井冈山。他问身边的人："什么是井冈山精神？"

大家说，是支部建在连上，是艰苦奋斗……毛泽东听后说：大家说得都对。但还有一条，是民主。

今天的人很难想象得到，红军那时最有力的宣传是：红军不打士兵！红军官兵待遇平等！

毛泽东说："红军的物质生活如此菲薄，战斗如此频繁，仍能维持不敝，除党的作用外，就是靠实行军队内的民主主义。""尤其是新来的俘虏兵，他们感觉国民党军队和我们军队是两个世界"。"同样一个兵，昨天在敌军不勇敢，今天在红军很勇敢，就是民主主义的影响。"他说："军队内的民主主义制度，将是破坏封建雇用军队的一个重要武器。"

作为一支新型军队，**要完成伟大的历史使命，民主是基础，也是力量。**

所谓基础，没有民主就没有对人的尊重，就没有正确解决内部矛盾冲突的条件和前提；所谓力量，是民主把每个人的积极性都调动起来，形成了真正的群策群力。

解放军的民主，是从尊重每个士兵开始的。

我们历史地看，中国社会文化是不承认平等的。孔子的思想在于"人和人之间是有差别的，是不能平等的"。这是《论语》的核心，也是2500年来中国社会文化的核心。"君君臣臣，父父子子"，就是典型。而维系"君臣父子"的，是"三纲五常"。缺乏平等的结果，造成了下层普遍存在的轻蔑"管理层级"现象，直接表现是"人人可以当皇帝"的观念，这又造成了社会不稳定。

在解放军建军历史上具有重要意义的"三湾改编"，其中一条是"官兵待遇平等"，还有一条是"支部建在连上"。

毛泽东提出，部队要废除军阀作风。规定军官不准打骂士兵，废除体罚和繁琐的礼节，士兵开会有说话的自由。规定经济公开，官兵待遇平等，吃一样的饭菜，穿一样的衣服。为了保证士兵的权利，在连以上各级建立了士兵委员会。

官兵平等的具体表现，是"官兵一致"。这是中国有史以来军队建设上的首创，是新型军队与以往任何军队的本质区别。10年后，1937年10月25日，毛泽东与英国记者斯特朗在谈话中这样描述："官兵一致的原则，就是在军队中肃清封建主义，废除打骂制度，建立自觉纪律，实行同甘共苦的生活，因此，全军是团结一致的。"

官兵平等，是一场中国组织建设的"革命"，从根本上颠覆了中国几千年来的观念。

平等思想的建立，使军事民主会、军人委员会、士兵代表会、干部评议会、科学决策论证会等民主管理制度得以建立，也使在军队中实行"官教兵、兵教官、官兵互教、兵兵互教"的群众性练兵活动成为可能。

我们今天可以说，没有这种平等，我们就不可能夺取最终的胜利。

平等是文化和观念上的，更是制度上的。

解放军的平等是用法规形式确定的。在军队内部，军人之间只有三种关系：

第一，同志关系。无论职务高低，都是同志。

第二，上下级关系。在有直接隶属关系时，职务高者为首长，职务低者为部属。在没有直接隶属关系时，职务高者为上级，职务低者为下级。

第三，同级关系。行政职务相同的为同级；在不知道行政职务时，军衔相同的为同级。

解放军的官兵关系包含着政治上的一致性和因分工不同而带来的隶属性。

在使命和目标一致的前提下，分工上的隶属则是解放军指挥和管理中自然性的体现。因此，官兵关系是一种双重的关系。这两种关系是统一的、相互影响的。"爱兵"与"尊干"的统一就是这一特征的体现。在解放军发展历程中，"尊干爱兵"是深得人心的活动，成为优良传统。解放军《内务条令》把在"尊干爱兵"方面的成功经验概括为"双六条"，用法规的形式进一步确定下来。在爱兵方面：军官要严格管理；关心士兵的成长和进步；妥善处理与士兵的矛盾；尊重士兵的权利；对士兵一视同仁；关心士兵的生活。在尊干方面：士兵要做到尊重军官，服从管理；忠诚老实；勇于承认和坚决改正错误；不搞极端民主化；不搞绝对平均主义；关心连队建设。

《内务条令》所规定的"双六条"，集中起来就是官兵之间要相互理解，相互尊重，相互关心，相互帮助。这样，才能形成上下一心、亲密无间、团结一致的局面，才能真正达到官兵一致。

关心战士、关心基层，最直接、最经常的做法是关心他们的

向解放军学习

伙食。尤其是那些从战争中走出来的将军们，到连队一定要到炊事班看看，在连队食堂吃一顿士兵的饭——这已经是中国军队的传统之一。

解放军关心成员还体现在其文化上，"上级关心下级，军官关心士兵"。在基层部队，军官每天晚上就寝后要轮流查铺。查铺的重要内容，是为熟睡的士兵掖被角、添炉火。这种无微不至的关心和关怀，使这个组织具有很强的凝聚力。

让全体官兵能够心甘情愿、积极主动地全身心参与，是群众性练兵的基础和前提。

解放军"群众性练兵"是从官兵平等、尊重和爱护士兵开始的。

中文的"企业"二字中的"企"字，从象形文字的字义上讲，它是由上"人"下"止"组成。"人""止"为企，以人为主。一个企业，如果没有了人，就只有"止"——停止，从而失去生存发展的基础，而有了人，用活了人，便能决定企业的行止。

美国管理学家科斯在《企业性质》一书中认为，企业一成立，就不是哪个个人的，而是一种群体的集合。企业家需要做两件事：一件是技术创新，解决人与自然的关系，包含了企业与社会、竞争对手以及大自然的关系；另一件是制度创新，解决的是企业与人的关系，包含了企业与员工、股东、顾客以及社会等四个方面内容。但无论解决哪个问题，都离不开"人"这个核心。

20多年前，当我读世界历史时有个问题一直不得其解：美国人为什么把"五月花"号到达美洲大陆后移民们作出的第一个决定，作为奠定美国历史的重要事件？随着中国改革开放，随着中国市场化体制的建立，随着自己对人生和生命的体味，我终于明白了这个道理："人生而平等"——这是人类文明进步追求的目标。"五月花"号所制定的《五月花号公约》，奠定了美国政治文化的基础。

尊重个人，还意味着接受人的差异性。企业管理理论自泰勒的科学管理之后，一个再也没有变的主题，就是对人的尊重。这实际是一种重要回归——对人性的回归，也是对企业根本的回归。

市场经济的实质是什么呢？是对产权的尊重，是对人的尊重。对产权的尊重是市场经济的第一要素，而市场经济从根本上确立了对人的尊重。

美国管理学家德鲁克认为："**让全体员工都站在上司的立场考虑问题，关键要使他们感到自己是企业的主人。**"他还说："何为**经营之本**，我认为**就是造就人**。"

万科在中国市场的成功，很大程度上也是人才战略的成功。一次，我向一位投资银行人士请教：为什么万科能在短短几年时间内打造成中国房地产市场当之无愧的龙头老大？他回答：是文化。万科营造了一种非常人性化、民主化的文化氛围。在《万科手册》中写道：

> 我们尊重每一位员工的个性，尊重员工的个人意愿，尊重员工的选择权利。所有的员工在人格上人人平等，在发展机会面前人人平等。万科提供良好的劳动环境，营造和谐的工作氛围，倡导简单而真诚的人际关系。
>
> 我们倡导"健康丰盛的人生"。工作不仅仅是谋生的手段，工作本身应该能够给我们带来快乐和成就感。在工作之外，我们鼓励所有的员工追求身心的健康，追求家庭的和睦，追求个人生活内容的极大丰富。

拥有120万名雇员的沃尔玛是全美第一大零售商，用我们中国人的话说，是一家从家门口干起来的世界级的企业。沃尔玛成功的原因有很多，但其创始人沃尔顿先生始终保持对员工的尊重和关心是重要原因之一。在沃尔顿先生的倡导下，沃尔玛几乎所有经理人员都佩戴着"我们关心我们的员工"的徽章。在沃尔玛，员工都被称作"伙伴"，而不是雇员。从沃尔顿开始，管理人员就经常倾听来自员工的声音。沃尔顿说："关键一点就在于应该走进店里，去听听你的伙伴们有什么要说的。所有人都应参与进来，这一点极其重要。**我们的许多好主意正是来自于店员和仓库的搬运工。**"

在沃尔玛公司，所有人都感觉自己是个成功者。每周六早上7点30分都召开一个管理例会。从沃尔顿开始的传统是，管理例会上总经理都会站起来高声问道："谁是第一？"当然所有的人都会高声回答："沃尔玛！"1991年，杰克·韦尔奇先生专门到沃尔玛参加例行晨会，被员工参与的热情所感染。他在现场动情地说：我知道为什么沃尔玛是个优秀的公司了。回到通用公司，他精心构建自己企业的"沃尔玛晨会"——这就是日后成为通用成功经典的经验之一的"群策群力"。"群策群力"的核心是"全心全意地相信和依靠员工"。

海尔认为，它的企业文化主要致力于解决三个问题：一是给人以公平感。如果不是事实上的公平感，起码也是心理感受的公平感。二是给人以施展才能的机会。让人感到企业的天地广阔，员工能翻几个斤斗，就给他搭相应大小的台子。三是给人以成就感，哪怕员工有一点儿小改小革，也要给他们充分的荣誉。海尔提倡尊重每一个人的价值：人人是人才，赛马不相马。

企业要关心员工，就要善待员工。研究表明，绝大多数人的智力差异是不大的。有一句俗话叫作"人挪活，树挪死"。在生活中，我们常会遇到这样的情况：在原企业被视为毫无才能、一无是处的员工，跳槽到新企业后竟然干得非常出色；一些被原企业辞退的雇员，到了另一家企业却能担任很高的职位。其实，个

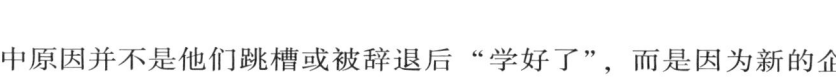

中原因并不是他们跳槽或被辞退后"学好了",而是因为新的企业尊重员工,善待员工,员工在这样的企业里做事心情舒畅。

许多企业可能从未意识到,他们事业的成败兴衰竟然系于员工之手。

这些企业错误地认为,自己与员工之间就是简单的雇用关系,员工的忠诚与效力是可以用金钱买来的,只要有一张毫无感情的用人合同,就可以解决一切问题了。殊不知,**企业要实现自己的最大利益,就要以员工的利益为基础;同样,员工的利益也要建立在企业利益的基础上。二者结合得很紧密,绝对不能分离。**

一个企业如果手下有一批得力的员工,相当于平添了一笔巨大的资本;一个员工如果能帮助企业开动脑筋,做大生意,那么无疑也会使自己赚得更多的薪水。当企业给员工以优厚的待遇时,员工必然心存感激,在工作上竭尽全力,努力使企业的业务大大地发展起来。

人是复杂完善的有机体,有"七情六欲",有行为动机,更有追求和目标。人自身所具有的精致结构和完善功能,决定了每个人都是无价之宝。尊重人格,尊重员工的自身价值、尊严、权利、利益,最大限度地满足他们的需要,是取得经营管理成功的关键。当人本主义日渐大行其道的时候,管理者以往采取的指挥与控制式的管理将不可避免地受到冲击。这就是人性管理之所以成为必然的最根本的原因。

四、吃一顿士兵的饭:到基层讨主意

沟通需要向下走,向一线走。军队的基础在士兵。下基层是部队干部的管理特色之一,这也是解放军内部的沟通方式之一。

领军打仗的人要能够带好兵,要始终不离士兵、不离基层。

向解放军学习

解放军部队中有这样一个传统：上至军委主席、总参谋长、大区司令，下至师长、团长，下部队检查，经常要走进士兵的食堂，与战士一道吃士兵的饭，谈谈士兵的话题。也只有经常吃士兵的饭，才能成为解放军的将军。我们看到的许多领袖和士兵、将军和士兵的照片就是在食堂的饭桌旁拍摄的。

吃一顿饭是小事，但这体现了组织对士兵生活的关心。

解放军基层部队中有句俚语："伙食好了，等于半个指导员。"意思是说，指导员讲半天要解决战士的思想问题，不如让战士吃一顿好饭。

如果连战士吃什么军委主席都关心，司令员都关心，那么这个组织的普通成员还担心什么呢？吃士兵饭，成为联系将军与士兵的纽带，也是一种重要的沟通方式。

解放军始终相信，部队的战斗力来自基层，建设重点在基层。"基层不牢，地动山摇。"所以，在这个有数百万人员、数十万个作战单位组成的组织中，与官僚主义作战成为提高组织效率的经常性工作之一。我在解放军中，从团到统帅机关都有过工作经历，非常突出的感觉是，军队很注重来自基层的声音。这点，在军官选择上尤其明显：各级机关正常选拔的军官，一般都要求有基层工作经验。团长、师长、军长、战区司令的选拔，是一定要有下两级的主官工作经历的。而在各级机关，听到最多的是如何"抓基层"。

用5000美元复员费打造出世界第一零售帝国的沃尔玛创始人山姆·沃尔顿先生有句名言：

"每当你感到困惑时，就去商场吧，在顾客那里会有你的全部答案。"

注重基层，是成功企业的共同之处。古典组织结构自上而下的权力和自下而上的报告，应该演变为现代组织自上而下的目标和自下而上的能动。丰田公司董事长奥田硕考察一家颇有名气的家电企业时,曾经说了一段耐人寻味的话:"贵公司的管理给我感觉很好,已经有了'自上而下'的执行体系,而且细腻、到位、有特色。"说到这里,他话锋一转:"但从知识时代的发展趋势来看,应该尝试'自下而上'的管理理念、方法和模式。"

联想的柳传志说:"我刚刚建立公司时,采用的是'由上而下'的方法领导管理团队,也就是我们称为'指令式'的方法;进入90年代,公司来了一些高素质的年轻人,我就把'指令式'的方法改为所谓'指导式'的方法;1995年以后,我就把工作方式逐渐改为'参与式'——属下提出计划,我来提供意见。这样我身边的人就有了非常大的舞台,他们自己可以作决定。我也由一个'导演'逐渐变成了'电影制片人'。"

麦当劳快餐店创始人雷·克罗克是美国社会最有影响的十大企业家之一,也是军人出身。他不喜欢整天坐在办公室里,大部分工作时间都用在"走动管理"上,即到所有分公司部门走走、看看、听听、问问。麦当劳公司曾有一段时间面临严重亏损的危机,克罗克发现其中一个重要原因是公司各职能部门的经理有严重的官僚主义作风,习惯斜靠在舒适的椅背上指手画脚,把许多宝贵时间耗费在抽烟和闲聊上。于是克罗克想出一个"奇招",将所有经理的椅子靠背锯掉,并立即全体照办。开始很多人骂克罗克是个疯子,不久大家悟出了他的一番苦心。他们纷纷走出办公室,深入基层,开展"走动管理",及时了解情况,现场解决问题,终于使公司扭亏为盈。

我们在企业中经常遇到的是,一些领导、主管不知道如何谈心谈话,不知道与部属谈些什么。谈心谈话实际上也是一门学问,既然是两人之间谈,首先,需要营造一种宽松、可以信赖的氛围;其次,谈心谈话要有目的;再次,企业的赢利性质,决定了谈心谈话也是有成本的:时间成本,机会成本,等等。所以,有效的谈心谈话需要"打有准备之仗",即在有限的时间内取得最大效益和效率。

五、军民鱼水情：善于沟通赢得商机

解放军不仅注重内部的沟通，而且十分注重与边际关系的沟通。战争年代，毛泽东为解放军制定的主要任务之一是"瓦解敌军"。这一点，在解放战争中表现得尤为突出。战争初期，解放军仅有100余万人，到战争后期，却发展到500余万人。这些新增兵员，有相当部分是掉转枪口的原国民党军队官兵。

我入伍时，部队驻在北方的一座小县城。当时，部队团以上机关专门设置了"群众工作干事"一职，负责与政府、群众的联系和沟通。这种经常性的联系和沟通，融洽了军民关系，营造了"军爱民、民拥军"的大家庭气氛，保证了军队始终有一个良好的生活、训练环境。

在网络覆盖全球的今天，人类已经进入了全新的沟通时代，沟通已经开始主导商业。

企业的成功运作，更多地表现在以"谈心谈话"为主要内容的沟通上。

如果说生产成本等有形成本是工业时代企业运作产生的必然成本，那么沟通成本则是信息时代所产生的特定成本。企业面对复杂的社会环境及诸多关系群体，要以什么样的方式传达信息、传达什么样的信息、如何才能让目标群体最有效地接收到信息，这是许多企业所头疼的问题，而为此所花费的金钱、时间与精力就是沟通的成本。

美国著名管理学者柯林斯的《基业长青》一书指出，每一家能成就百年基业的卓越企业，无一不是沟通方面的高手。在一个开放式的商业社会，任何一家企业的成长不可能是沿着单一直线形的轨道发展，也就是每一家企业所面对的商业环境不再只是客

户、供应商、销售商等单一产业链上的合作伙伴,还必须与产业链之外的政府、媒体、竞争对手、银行等相关团体打交道,将企业良性信息传达给他们,也接受他们回馈的意见,如此,企业才能在良好的市场环境中得到支持与发展。只要任何一方的关系处理失当,就有可能招致严重的后果:一些企业因为不善于与媒体进行沟通,在企业出现负面报道之后处理手法不当,引致媒体群起而攻之,这将给企业造成严重的负面影响,甚至是毁灭性的打击。

良好的沟通能创造客户信任的价值。**一个以客户需求为导向、与公众有良好沟通的企业,必然能获得公众的高度信任。公众对企业的信任会直接转化为对产品的信任,而对产品的信任则是维系客户继续购买企业产品的保证。**

良好的沟通能创造良好发展环境的价值。处于转型期的中国市场存在许多不确定性,企业的发展面临着诸多有形无形的障碍,所以,要获得稳步发展,除了企业自身的努力之外,政府的支持、社会的肯定、客户的认可都是令企业获得快速发展的巨大动力。企业沟通的目的就是要创造这种良好的发展环境。

1994年底,联想面临第一次危机:在香港联交所上市的"联想控股"第一次出现亏损。面对众多的中小投资者、债权人、银行、基金和香港联交所,柳传志和整个联想管理团队面临巨大压力。在如何处理上,柳传志认为,回避、推诿公司经营中的问题不是办法。他带着主管财务的副总裁直接到香港,一个个拜会投资者、债权人、银行、基金和香港联交所,既实事求是、坦然面对企业存在的问题和面临的困难,更实实在在拿出企业改进经营管理的具体措施。通过沟通,联想取得了方方面面的理解,并为联想集团顺利渡过难关、争取发展,赢得了宝贵的时间和资金支持。1995年,联想抓住市场有利时机,大胆起用杨元庆等年轻领军人物,在PC市场上一举击败曾经一统中国市场90%市场份额的洋品牌，三分天下有其一，成为中国市场最大的PC生产、销售企业。

柳传志善于沟通，在企业内外是有名的。这种"善于"，表现在他是用心与方方面面进行沟通，是中国不多的能把抽象的道理形象化，把复杂的事情简单化的企业家。他可以根据不同对象，使用不同的沟通语言。对企业高层管理者，他说："企业管理就是'搭班子，定战略，带队伍'。"对企业一般管理者，他说："管理是'撒上一层新土，夯实，再撒上一层新土。当确认脚下是坚实的黄土地之后，撒腿就跑'。"对企业经营者，他说："没钱赚的事不能干；有钱赚但是投不起钱的事不能干；有钱赚也投得起钱但是没有可靠的人去做，这样的事也不能干。"2004年年底，联想用巨资收购IBM的全球PC业务。面对媒体、投资者和被收购者IBM，柳传志说："IBM整个公司是要做IT服务的，是要做软件的，是一个穿皮鞋的公司，它把穿皮鞋公司的费用摊销到做PC的方面，它背得就非常重。"柳传志更进一步比喻说："IBM是穿着西装炸油条。"意思是，PC当然不适合它，它该去做更体面的事。

这种语言，不仅妙趣横生，而且方方面面都能够接受。这种沟通表达能力，为联想赢得了良好的内外部经营环境。

六、有效沟通：4项法则

中国组织的沟通经常会走向两个极端：要么不沟通，增加了组织内部交易的成本，影响了组织效率；要么"沟通无限"，想说什么说什么，想怎样说就怎样说，沟通不分时间、地点，把沟通变成了"自由主义"。这种沟通的结果，正如毛泽东在《反对自由主义》一文中所说："革命的集体组织中的自由主义是十分有害的。它是一种腐蚀剂，使团队涣散，关系松懈，工作消极，意

见分歧。它使革命队伍失掉严密的组织和纪律，政策不能贯彻到底，党的组织和党所领导的群众发生隔离。这是一种严重的恶劣倾向。"

在与企业家、企业高管、企业中层的交流中，大家在沟通方面的普遍困惑是，中国人由于文化等原因，大都不愿意也不善于表达自己的真实想法，存在着"当面不说，背后乱说；会上不说，会后乱说"的自由主义问题。沟通成为组织管理中最难的一个问题。如何才能在组织中进行有效沟通呢？

结合自己30余年的工作实践，我以为，总结起来，可以概括为4个法则：

第一，是一个目标。

组织建设和组织修炼始终是围绕着组织的"两力"进行的，即**外部竞争力和内部凝聚力**。沟通的目标，就是为了提高组织的这"两种能力"，尤其是内部的凝聚力。半个世纪前，毛泽东在谈到组织建设时曾指出："我们的目标，是想造成一个又有集中又有民主，又有纪律又有自由，又有统一意志、又有个人心情舒畅、生动活泼，那样一种政治局面，以利于社会主义革命和社会主义建设，较易于克服困难，较快地建设我国的现代工业和现代农业，党和国家较为巩固，较为能够经受风险。"这充分说明，没有组织内部的凝聚力，就没有对外的竞争力。

第二，是两个重点。

第一个重点，是针对组织内部。围绕实现组织共同理想以及阶段目标，通过沟通达到统一思想、统一认识、统一行为的目的。第二个重点，是针对组织外部。通过与外部的沟通，改善组织生存环境，实现组织发展目标。

在企业内部沟通中，对于管理者来说，有纵向和横向沟通两个方面。**纵向沟通**，是指向上向下的沟通。**向上沟通**是对自己领导、上司的沟通。在这种沟通中，需要具有一定胆识，就是敢于说话。有些人希望和自己的领导进行工作上的沟通，但面对领导又有恐惧心理。常常靠猜测领导意图工作，从而影响了工作效率。**向下沟通**，是主动与部属的沟通。在这种沟通中，需要坦诚的态度。把事情尽量说清楚、说明白。**横向沟通**，是指对同级、协调部门的沟通。在工作中我们经常看到三种情况：一是侵略性的沟通方式。采取居高临下的态度，指责、指点其他部门。这种情况常常表现在公司内强势部门、强势人员身上。长此以往，这些人就会成为孤家寡人。二是回避性的沟通方式。你不吭声我也不吭声；你不理我，我也不理你，看谁能扛得住。最后受损失的不仅是组织利益，也影响个人在组织中的成长。因为，一个不善于沟通、不善于合作的人，组织是不会给其成功机会的。三是主动合作性的沟通方式。这是组织中所倡导的沟通方式。

在企业的外部沟通中，需要建立与客户、供应商、媒体、业界、社区、政府部门的沟通渠道和沟通方式，通过沟通建立长期互信关系、改善企业外部生存环境，提高企业竞争力。

第三，是三个前提。

第一个前提是"先修渠后放水"——预先框定。我们习惯说"水到渠成"，但常常水到的地方渠并不是自然"成"，"渠成"是需要有先决条件的。中国古代有大禹治水的故事。远古时中华大地上出了两位治水英雄：鲧和他的儿子禹。鲧治水采取的方法是"水来土屯"。鲧治水9年，依然是"滔滔洪水，无所止极"。鲧被天帝殛杀于羽山之野。禹继承父亲的遗志，决心治理滔天的洪水。大禹治水与他的父亲不同，采用疏通方式，先修渠后放水，让洪水流向应当去的地方。

大禹治水给我们的启示是：在沟通中，需要疏导。疏导有两个关键点：第一个关键点是不能"堵"。今天，不让人说话，是不民主的做法。第二个关键点是要"疏"。既然不能堵，就要采取"疏"的方法。"疏"是主动性的。在沟通中，我们既要做到

"知无不言"，更应注意不能想说什么说什么。而组织需要预先界定什么能说、什么不能说。一般来讲，违反组织原则的事情不能说，不能对上级的决策指指点点。这些说了，就是违反组织原则，就是自由主义。对企业来说，对董事会确定了的战略，一般在执行层面不能随便用怀疑的态度来议论。一般员工应该做到"四不谈论"，即**"不谈论客户长短，不谈论上级是非，不谈论同事闲话，不谈论有损公司形象、影响公司利益的话题。"**

第二个前提是引导在先——疏导。修渠后还要引导，把组织成员思想意识中不适应组织需要的倾向引导到组织的战术方向上去。尤其是在组织处于战略转折时期，处于产品更新换代的调整时期，这种时候，组织成员的思想比较动荡，需要组织有意识地加以引导。我们习惯上称之为统一思想。统一思想的方法有很多，但主要的，还是靠反复不断的教育——这是我们常用的方法，也是最有效的方法。

第三个前提是预先号令——打预防针。对组织中一些个别同志出现的带有倾向性的问题，对组织中出现的一些不好的苗头，有些时候明确提出批评和禁止有些过分，这种时候可采取打预防针的方式提醒一下。部队中俗称"拽拽袖子"。比如，有些同志由于家庭等问题影响了工作，直接批评有些严厉，那就"拽拽袖子"，提醒他：家里的事顾得过多了，要把主要心思放到工作上来。"拽拽袖子"是同事间比较好的一种沟通方式。

第四，是四种方法。

第一种方法是谈心谈话。这种方式的沟通可不限地点，行军路上、训练场上都可进行；可不分时间，演习间隙、饭前饭后都可进行；可不分内容，生活、工作、家庭等主题均可涉及，所以是常用到的方法。

第二种方法是群策群力。在部队中被称为"诸葛亮会"，围绕教育训练和作战中出现的疑难问题，开展群众性练兵活动。通过这种方法，把领导的积极性与群众的积极性结合起来，让组织成员充分认同组织目标，形成"上下同欲"的态势。

　　第三种方法是批评与自我批评。不同教育背景、不同家庭出身以及不同地域、不同性格的人聚合起来，生活中难免有碰撞，工作中难免有不同看法，尤其当工作中出现问题、组织战略需要变革、个人和组织生活出现变故时，大家意见不一致，甚至出现不和谐的声音，都需要统一思想。但由于中国人内向的性格以及文化特征，往往又不愿当面公开表达出来，要么埋在心底，要么犯自由主义。在这种情况下，批评与自我批评是解决问题的最好方法。毛泽东为此曾说道："因为我们是为人民服务的，所以，我们如果有缺点，就不怕别人批评指出。不管是什么人，谁向我们指出都行。只要你说得对，我们就改正。你说的办法对人民有好处，我们就照你的办……只要我们为人民的利益坚持好的，为人民的利益改正错的，我们这个队伍就一定会兴旺起来。"

　　第四种方法是民主集中制。组织中沟通时的"民主"，是广泛听取多数人的意见；"集中"，是把多数人的不同意见集中起来，由组织中的高层决断。我们通常所说的"四个服从"，是贯彻执行好民主集中制，处理好组织内部各个方面关系的基本原则：个人服从组织，少数服从多数，下级服从上级，全党服从中央。

　　经常有人问我：企业中的民主集中制是什么呢？我以为，企业中的民主集中制，可以概括为**"听多数人意见，同少数人商量，企业家、企业高层管理者、企业核心做最终决断"**。

第八章 批评与自我批评

——把"堡垒里的战斗"变成"战斗的堡垒"

任何组织在成长过程中,都无法回避组织内部个人与个人、上级与下级、团体与团体、大团队与小团队等的冲突与矛盾。

近些年,我在与企业家、政府官员接触中发现,**让大多数管理者头痛的不是外面(市场),而是组织内部,是组织中的人。**

人类成立组织的目的其实就两条:第一是提高效率,完成单个人无法完成的工作;第二是降低交易成本。当然,降低交易成本也是为了提高效率。为什么在我们的组织中**"内部交易成本高"成为普遍问题?**为什么我们的组织内部常常充斥着几乎很难调和的矛盾、冲突甚至内讧?为什么我们很多的组织时常面临着"战斗的堡垒"有可能变成"堡垒里的战斗"的尴尬现实呢?所有这些,如果仅仅简单地归结为"一个中国人是条龙,三个中国人是条虫",是解决不了实际问题的。翻开中国近现代史可以发现,并不仅仅是国力落后就要挨打,一个解决不了内部问题的组织同样要挨打。

有调查显示:企业家们工作量的75%不是在客户那里,而是在解决内部矛盾、平衡内部关系上。如何解决内部矛盾和冲突,是让企业家们头疼的问题。

解放军创建之初,是个由几名教师带领一帮农民建成的组织。其后，在近90年的时间中，这个组织成员的主体依然是农民。这个组织不可能没有问题、没有矛盾，所以，无论是"三湾改编"、"古田会议"，还是"遵义会议"、"延安整风"，矛头所向，都是直指组织内部建设。

解放军这个组织，是迄今为止中国组织建设上最成功的组织，有一套有效、管用、成功的做法。

回忆自己当兵20余年的经历，无论是在基层还是在机关，各个岗位、各个级别，都有不同的矛盾和冲突，但这个组织最终把各种矛盾和冲突化解了，使组织始终保持了高度的团结和统一。

组织发展的关键在于"两力"——内部的凝聚力和外部的竞争力（战斗力）。一个没有凝聚力的组织，对外是没有竞争力（战斗力）的。同样，一个内部具有高度凝聚力的组织，也是不可战胜的。

一、"不是我们无能，而是共军太狡猾了"：要在自己身上找问题

早年看国产电影《南征北战》（那是"文化大革命"时期少数可以看到的片子。我们这些孩子当时不仅多次观看，而且片中许多台词都能熟练背诵），片中一位国军将领在谈到自己为什么失败时有句经典台词：

不是我们无能，而是共军太狡猾了。

每当出现这一镜头，全场总是一片笑声。因为这个借口找得实在高明，却又可笑。

其实，生活中，我们常常会遇到类似的问题。孩子走路摔了跟头，我们不是怪自己没有看脚下，而是抱怨路上为什么有石头；在生活中不顺利时，不是反省自己为人处世有什么欠缺，而

是责怪人心险恶、社会和环境太坏。

工作中这样的现象更是屡见不鲜。业绩好时，都是成绩，一切好办。但当业绩不好时，问题就来了。这时，负责销售的会埋怨负责生产的，说是产品不好，所以卖不出去；负责生产的则埋怨负责采购的，责怪他们采购回来的原材料品质不好，影响产品生产；负责采购的则把责任推向财务部门——因为财务给的钱少，那点钱根本买不回高品质原料；而财务则说，钱少是销售不好、回款不好。到头来，大家最终都把原因推给市场或竞争对手——不是我们不行，而是市场竞争太残酷，竞争对手太强大了——和上面那句经典台词竟然是那么相似。

一个组织**要想解决内部冲突**，从文化上讲，**必须要建立一种内省性文化——发生任何事情、任何问题，都要先从自己身上找答案**。如同我们面对春夏秋冬季节变化，冬天气温下降了，我们不是埋怨天气，而是要穿好御寒的棉衣，否则，你会在埋怨中被冻死。

解放军在创建之初的20年时间里，始终面临着比自己强大的敌人和险恶的环境。可以说，每天都在生死线上和死神斗争。如果一味埋怨环境险恶、埋怨对手强大，这个组织不仅长不大，实际上也生存不下去。所以，解放军在思想文化上对强敌和险恶环境"在战略上藐视，在战术上重视"，并且形成在自己身上找原因、找答案的组织文化。通过**不断内省，使自己适应环境，战胜敌人**，取得最终胜利。

当新兵的时候，一次实弹射击考核，我成绩不及格，不仅自己排名最后，还影响了班里的成绩。在班务会上，班长和全班同志帮着我查找原因。

因为自己平时的训练成绩还不错，所以我说，这次没打好有两个原因：第一个原因是，这次射击，没有用平时用的训练枪，而是改用专用射击枪，感到手生；第二个原因是，本来我瞄得挺好，可当准备击发时，身边另一位新兵小王突然枪响，我一紧

向解放军学习

张，扣动扳机，打偏了。

这时，班长严肃地说：你说的两个原因，别人也都遇到了，但为什么有同志能打优秀，而你不及格呢？所以，不要强调客观，要从自己身上找原因。在大家的帮助下，我找到了主要原因：心理素质不好。

让我一直耿耿于怀的小王也说："张建华同志没打好，都怨我。为什么我先开枪呀，下次一定等他先开枪我再开。"

小王的话，把全班逗笑了。

班长这时说："小张心理素质不好，主要原因在我这个当班长的，训练中没有想到这点。以后我不仅要帮助小张，而且我们全班都要加强心理素质训练。"

在后来的训练中，这招儿果然管用。当兵第一年，我成了团里的优秀射手。

"不要强调客观，要从自己身上找原因。" 这是解放军的一种文化。这种文化最直接地把矛盾和冲突提前化解。用军队的标准语言说：**要多做自我批评。**

我曾参加过一些招聘。当问及那些前来应聘的人为什么离开上一家公司而到我们这里来应聘时，比较普遍的回答是：上一家公司有问题，以前的老板有问题——这几乎成为我们职场的一个通病：抱怨前公司、抱怨前老板。

我研究管理后曾认真思考过：为什么我们中国人在组织中（包括在家庭中）总是对别人、对外部抱怨不断呢？

台湾有这么一所学校，学生年龄在 15—18 岁之间。每年 3000 多名学生中，因违反校规校纪被校方开除的达二三百人。学校没有工人，没有保卫，没有大师傅，一切必要工种都由学生自己去做。学校实行学长制，三年级学生带一年级学生。全校集合只需 3 分钟。学生见到老师 7 米外要敬礼。学生没有寒暑假作业，但没有一个考不上大学的。这就是在台湾享誉 30 年，以道德教育为本的忠信高级工商学校。校长高震东先生 2005 年曾受邀到大陆交流。他说，在教育学生时，他所强调的就是：

"**天下兴亡，我的责任**。我们每个学生如果人人都说：学校秩序不好，是我的责任；国家教育办不好，是我的责任；国家不强盛，是我的责任……人人都能主动负责，天下哪有不兴盛的国家？哪有不团结的团体？所以说，每个学生都应该把责任归到自己身上来，而不是推出去。"

他在办学时就是这样做的。如果教室很脏，他问："怎么回事？"假如有个学生站起来说："报告老师，今天是 32 号同学值日，他没有打扫卫生。"那样，这个报告的学生是要挨批的。因此，在忠信高级工商学校，学生会这样说："老师，对不起，这是我的责任。"然后马上去打扫；灯泡坏了，哪个学生看见了，自己就会掏钱去买个安上；窗户玻璃坏了，学生自己马上买一块换上……不把责任推出去，而是揽过来。

"中国人的素质"是被我们国人自己诟病的老问题，但老问题为什么总得不到解决？——答案只有一个：这是别人的问题。

我曾几次陪朋友去天安门广场看升旗，每次去都很振奋。但每次去后，心里总是有种不是滋味的感觉——当人们散去，满地废纸，到处乱飞！

一次去日本，朋友带我在大阪看了场足球比赛。几万人的体育场充斥旗帜、口号、锣鼓、哨音，整个球场几乎沸腾。但令我惊异的是，当人群散去，会场竟没有废纸、废塑料袋、饮料瓶……

这是真实的、我亲眼看到的日本。当我们在骂日本人的时候，想没想过：与这样一个岛国相比，我们的差距在哪里？

谩骂是不解决问题的。

孔子有个学生叫子贡，他问老师：夫子，有没有可以一生受用的一个字？孔子说，想来，那就是"恕"字了（语见《论

向解放军学习

语》）。什么是"恕"？己所不欲，勿施于人。

孔子为此"吾日三省吾身"。

华人企业家李嘉诚先生为什么能从一个烧茶炉的小打工仔，一步步成长为华人首富？我想，这肯定和环境、背景以及运气无关。因为，同时代的人都面临着同样的环境、背景和运气。别人为什么没有成功，而唯独是他成功了呢？

李嘉诚曾这样谈道："我与大家分享的这项秘诀，那是终生指引我能凭仗情感和智慧，超越感受和本能的'导航器'；它是一套衡量检讨自我意识、态度和行为的简单'心法'。"

在李嘉诚22岁创立长江塑胶厂的时候，他问自己："光凭能忍、任劳任怨的毅力已经不够，在没有找到成功的方程式前，如何让一个组织减少犯错、失败的可能？"

在李嘉诚29岁的时候，他的财富已经可以让他对贫穷永远说"再见"了。他问自己："人生是否有钱便真的会快乐？富有后，感觉不到快乐又如何？"

在李嘉诚晚年的时候，他虽然已经富可敌国、功成名就，但是，他清醒地认识到，每个人最终都要离开这个世界。他问自己："**我如何才能让死后的自己比生前做更多的事情？**"

李嘉诚每天早上醒来的时候，他问自己："我的努力和蒙上天眷顾，取得今天的成功，应如何做得更好？"

李嘉诚每天晚上睡觉的时候，他问自己："我有否过分骄傲和自大？我有否拒绝接纳逆耳的忠言？我有否不愿意承担自己言行所带来的后果？我有否缺乏预判问题、结果和解决办法的周详计划？"

当李嘉诚谈到个人管理的时候，他认为，个人应该在人生的不同阶段反问自己一系列问题："我有什么心愿？我有宏伟的梦想，我懂不懂得什么是节制的热情？我有拼战命运的决心，我有没有面对恐惧的勇气？我有信息、有机会，有没有实用智慧的心思？我自信能力天赋过人，有没有面对顺流逆流时，懂得恰如其分处理的心力？"

李嘉诚的自省是其成功的主要原因。

二、"接受忏悔但不接受告密"：组织拒绝内讧

对外要自省，对内呢？

翻开中国历史，2500年的王朝更迭，就是一部内乱和内讧的历史。20世纪40年代，还在延安的毛泽东曾让历史学家研究一个问题——一个落后的、人口只有不到100万的满族，为什么能战胜近2亿人口、财力雄厚、文化肯定先进于自己的明王朝？

答案很简单：就是自己折腾自己，自己搞垮自己。"战斗的堡垒"变成了"堡垒里的战斗"。

明王朝不是被满族打败，而是被自己打败的。

太平天国是中国历史上最后一次大的农民运动，4年时间席卷半个中国、建都南京。但谁能想到，太平天国由盛而衰的转折点不是清王朝的清剿，而是发生于1856年的"天京事变"。这是一次太平天国领导层的严重内讧。东王杨秀清、北王韦昌辉及燕王秦日纲在此事件中被杀，另有约2万人丧生。此后，石达开率最精锐的20万人马离开太平天国，在四川境内的大渡河被清军剿灭，石达开被凌迟处死。

太平天国同样没有逃出怪圈，毁灭于内讧。

为什么我们总逃不出这个怪圈？总是自己斗自己、自己整自己、自己折腾自己呢？

从文化上讲，中国人比较内向，不愿当面、公开表达自己的真实意思。这也导致了背后、私下表达——犯自由主义。

从制度上说，我们没有宗教，没有一套行之有效的解决内部冲突的仪轨和方法、程序。

向解放军学习

由于文化和制度的缺失，中国有句俗话：哪有人前不说人，哪有背后无人说。这种"说人和被说"的文化，必然会孕育出极端的"告密文化"，在组织中告密泛滥，造成人人都防着他人。而告密者又常常把自己打扮成"忠臣"的模样。中国有"大义灭亲"一说。殊不知，正是这些人，葬送了组织，葬送了家庭。

非常可喜的是，我国《刑事诉讼法》修正案（草案）拟规定在某些情况下，近亲属可以拒绝作证，体现出"以人为本"的精神，中国人可以不"大义灭亲"了。

如果说，30年前的"文化大革命"是一场内乱浩劫，其实，当年在苏区"肃反"、"打 AB 团"等"左"的做法同样是内乱浩劫，使"战斗的堡垒"变成了"堡垒里的战斗"，给党和军队几乎造成灭顶之灾。当然，这些错误和挫折也教育了党、教育了军队，使党和军队在惨痛教训中成熟起来。

解放军在组织建设方面也不可避免地面临着这些问题，在惨痛教训中，逐渐形成一套解决问题的方法和理念，那就是：**把维护组织内部的团结和统一看得比生命还重要**。在具体做法上，就是坚决反对自由主义，相信组织、相信同志；不能互相猜疑、互相指责，更不能你告我、我告你，搞内斗。尤其是各级领导班子，绝不能出现这种情况。

在组织建设上，成熟的标志性事件是延安整风。

毛泽东在延安整风中有篇著名的文章《反对自由主义》，专门谈到，组织中自由主义泛滥：一种是，划线站队，只要是自己小团体的人，是"熟人、同乡、同学、知心朋友、亲爱者、老同事、老部下，明知不对，也不同他们作原则上的争论，任其下去，求得和平和亲热。或者轻描淡写地说一顿，不作彻底解决，保持一团和气。结果是有害于团体，也有害于个人"。另一种则是"不负责任的背后批评，不是积极地向组织建议。当面不说，背后乱说；开会不说，会后乱说。心目中没有集体生活的原则，只有自由放任"。还有一种,"不是为了团结,为了进步,为了把事情弄好,向不正确的意见斗争和争论,而是个人攻击,闹意气,泄私愤,图报复"(毛泽东《反对自由主义》)。

我自己的体会是,在部队中,爱犯自由主义,背后说这个、说那个,搬弄是非的人,肯定会被组织淘汰。

我当连队指导员的时候,连队年终考核成绩不好,在团里排名靠后。其实,主要原因有两个:第一,我和连长互有猜疑,连队分成了两派;第二,我和连长都在不同场合向上级领导和机关说对方的不是。团结成为连队的主要问题。

一次,有人传话,说连长又在外面说我的不是。气愤之余,我准备了连长的一堆问题,郑重其事地到团长那里告状。

没想到的是,团长还没听完就严厉地打断我的话,说:"先讲你作为连队党支部书记,你该负的责任。"后来,他又语重心长地对我说:"**谁都不是圣人,都会有问题**。你们俩你告我,我告你,这个连队怎么带?一个班子共事,有问题,一方面要先从自己身上找原因;另一方面也要学会坦诚面对。否则,不仅解决不了问题,还影响团结。连队工作不受损失才怪呢。"

这件事对我影响深刻。几十年过去,依然历历在目。

世界上三大宗教是人类存续时间最长的组织,也是竞争力最强的组织之一。近年来,我研究这些组织时发现,这些组织有个共同点:**内省性思维**。

在内部关系上,基督教在《圣经·雅各书》中讲:弟兄们,你们不要彼此埋怨,免得受审判。

类似的话,在《古兰经》中也有。

基督教有个宗教仪轨,信徒们要向上帝忏悔(神父是上帝的代言人),而上帝"**接受忏悔,但不接受告密**"。也就是说,你在上帝面前,不要指责别人,而是要说你自己哪些地方做得不对、不好。

所以，你看基督徒们，进去忏悔前，都是满脸愁容：自己的问题太沉重了。但忏悔完，则是笑容满面——心灵上得到了解脱。

三、批评与自我批评：把个人修养建立在制度上

任何组织的成长，其内部组织成员间不可能没有冲突、没有挫折、没有矛盾，关键是如何解决。

中国儒家文化与西方基督文化比，在修养上有很大区别。

中国儒家文化的特点是：其一，讲究等级，君君臣臣、父父子子。在集体主义旗帜下，用身份、出身、年龄、关系等，把人分成等级，造成事实上的不平等。其二，儒家讲人要"修身、齐家、治国、平天下"——所谓的"修、齐、治、平"，是个人修为，强调的是个人修炼，把基点放到了个人品行上。中国人最大的政治梦想，是出个清官、出个"尧舜"一样的好领导。但事与愿违——领导也是人，领导也爱美女、也爱好食物（食色性也。孔子语），也喜欢被恭维。所以，梦想虽好，结果却未必好。

基督文化的特点是：其一，平等观念。所有人都是上帝的子民，大家相互间都是兄弟。所谓"四海之内皆兄弟"。其二，是人生而有罪（类似于"人之初就有罪"），需要与上帝用契约来限制行为（《圣经》中的《新约全书》、《旧约全书》）。而赎罪的方法，则是不犯"戒条"，有问题要向上帝祷告、忏悔。在规定、戒条和契约的共同制约下，形成了一套有效的仪轨，就是组织修为。

现代组织发展，实际上是从关注人，到关注职位（岗位）。因为，我们常说的"人品"是个很难说清的话题；而岗位——该做什么、怎么做，做到什么标准，则是规定得清清楚楚。现代组织强调的是组织的修为——这在文化上，与基督文化是相近的。

第八章　批评与自我批评

共产党和解放军在成长过程中，经历了"肃反"扩大化、经历了"打 AB 团"、经历了各根据地"山头"间的融合，最终找到、形成并不断完善解决内部矛盾、冲突的办法，这就是"批评与自我批评"制度的建立。分析党的奋斗历程，我们事业的发展进步，从一定意义上说，是与运用批评与自我批评的武器、实事求是地总结经验教训分不开的。邓小平同志说："一个党犯错误是难免的，就是犯了错误，也要由自己去总结，自己去解决问题，这样才靠得住。"

我们分析联想、华为、新东方、宅急送、汇源果汁等著名、堪称标杆的企业发展史，就会看到，**几乎所有企业都经历过带来灭顶之灾的内部冲突、内斗和内讧**。这让企业家们明白：**最强大的敌人不是来自外部，而是来自内部**。幸运的是，这些企业最终找到了解决这些问题的方法和途径——批评与自我批评的方法和制度。为此，联想的柳传志说：联想的班子成员，必须懂得批评与自我批评。华为的任正非更是讲到：不会批评与自我批评不能做华为高层。

柳传志、任正非等人，都曾在解放军这个组织中服役，他们从解放军的组织建设中汲取了大量的经验，用于自己的企业实践。

批评与自我批评，是解决内部矛盾、冲突甚至内讧的最有效的组织建设方法。

早在延安时期，毛泽东同志就提出批评与自我批评是我们党的一个显著特点。邓小平同志告诫全党："党的三大作风有一条讲的是自我批评，这是我们区别于其他政党的主要标志之一。"批评与自我批评是解决党内矛盾，增强党内团结的锐利武器。邓小平强调："我们党的团结，是建立在马列主义、毛泽东思想基础上的团结。党内要分清理论是非、路线是非，要开展批评和自我批评，互相帮助，互相监督，克服各种错误思想。"他还讲道：

把"堡垒里的战斗"变成"战斗的堡垒"

向解放军学习

"我们党之所以有力量,在于我们有批评与自我批评的武器。"

批评与自我批评的5个步骤。

第一步骤:共同学习

当五湖四海、不同背景、不同秉性,甚至怀揣不同目的的人进入组织,每个组织都面临着共同的问题:**用什么来统一组织成员的思想,用什么来凝聚组织成员的力量**?毫无疑问,应该是组织的终极目标、阶段目标。

如何把组织的目标变成每个人的行动指南?

宗教的方法非常有启发性:共同学习。在基督教,通过基层的家庭教会,一个礼拜至少开一次会,大家坐在一块,或是由教士传经,或是大家一起读经。

共同学习,不仅是为了解决矛盾,而且是提前消解矛盾。

解放军组织内部,每当有重大任务颁布以及面临重大环境变化时,首先要做的,就是组织大家共同学习,统一思想。通过统一思想,统一大家的行为。

第二步骤:对照检查

在共同学习的基础上,每个人对照上级的指示、组织的目标(终极目标和阶段目标),检查自己的思想和行为,查找差距,以期在思想和行为上与组织要求达成一致。

第三步骤:谈心谈话

结合对照检查中查找出的问题,主动找同级、上级和下级征求对自己的意见,交换看法,化解误解和矛盾。

第四步骤:民主生活会

利用民主生活会等形式,开展批评与自我批评,是共产党在组织建设上的一种创造,也是沿用至今的一种组织制度。

组织成员通过自查和谈心谈话找出自己的差距和问题后,用会议的形式解决问题。

每个人都要在这个会议上公开检讨自己,在进行自我批评的基础上，实事求是地对同级和上级领导提出建议和批评。通过这种充分沟通的方式，力求在组织目标和使命上形成组织的高度一致。

以我个人经验，这个阶段最容易引燃"火药"。组织中的高管在这个阶段需要注意方法和艺术的结合。一般来讲，批评前需要充分肯定对方的成绩，然后再指出哪些地方还需要改进，最后一定要以鼓励的方式，为对方指明继续努力的方向。

第五步骤：制定整改措施并落实整改

通过前几个阶段，每个组织成员都要结合自查以及组织和其他同志提出的问题，自己制定整改措施并进行整改。也就是，一方面，总结个人、组织在整个过程中的经验、体会，以便更好地完成使命、达成目标；另一方面，统一思想、统一行为，需要树立标准、树立榜样。

批评与自我批评要注意4点。

在组织中，批评与自我批评须掌握正确的方法，保证动机与效果、目的与手段的统一。邓小平同志反复强调："批评的方法要讲究，分寸要适当。"

一是**以民主的说服教育为主**。解决党内矛盾，只能"坚持对思想上的不正确倾向以说服教育为主的方针"，"采取民主的说理的态度"。

二是**要有必要的思想斗争**。鉴于好人主义、一团和气现象滋长，邓小平同志尖锐地指出，现在突出的问题是，"一则批评本身的质量和分量不够，二则抵抗批评的气势很盛。批评不多，却常被称为'围攻'，被说成是'打棍子'。其实倒是批评者被围攻，而被批评者却往往受到同情和保护。一定要彻底扭转这种不正常的局面"。

三是**要突出批评的建设性**。邓小平同志明确指出："对党的工作中的缺点和错误，党员当然有权利进行批评，但是这种批评应该是建设性的批评，应该提出积极的改进意见……要合乎党的原则，遵守党的决定。"

四是要正确处理3个关系：

第一，**正确处理与上级的关系**。

上下和谐是做好工作的前提。很难想象，一个没有上级支持或者不受上级赏识的领导者能够做好工作。面对上级的批评一般而言要先全盘接受，再慢慢检视。绝不能当面顶撞，更不能搞阳奉阴违，当面一套，背后一套。对上级批评中不对、不客观的问题，可以事后、私下交换看法和意见。

第二，**正确处理和同级的关系**。

批评同级是组织中的难题，同样，对来自同级的批评也是一般人不愿接受的。在处理同级关系时，首先要明白"**同级是帮手而不是对手，是伙伴而不是冤家，是兄弟而不是路人**"的原则，本着"有则改之，无则加勉"的态度，多沟通，不能以邻为壑，更不能与邻为敌，那样会害人害己。

组织中，同事有如手足，因为组织的特点决定了成员间休戚相关。维护、辅助同事工作，可能在短期内自己不能获得利益；但伤害别人，很可能立即得到惩罚。军人有句话：不放弃、不抛弃。组织中的同事，也应该不放弃、不抛弃。否则，"损人"很可能"害己"。

有这样一个故事：

> 主人家养了一只羊和一头驴。因为驴是主要劳力，主人对驴格外青睐，除了给足饲料，还总是额外加一些精饲料。对此，羊一直耿耿于怀。羊找机会对驴说："你干得多，不仅挨骂多，还时不时挨鞭子抽，这个世界太不公平了。"羊这样一讲，驴也觉得自己受了委屈，于是请教羊，羊笑着说："我教你个办法：装病。这样就可以少挨骂、不挨鞭，还可以休息。"于是驴故意摔

伤。正是农忙时节,主人心疼地为驴请来医生,希望它能尽快好起来。诊断完,医生补充说:"要是将羊的心肺熬汤给驴补一下,驴会恢复得更快些。"于是,主人杀掉了羊为驴疗伤。

第三,**正确处理同下属的关系**。

作为上级,绝不能因为有批评和自我批评,而放弃对下属的批评。

总之,批评与自我批评要坚持"惩前毖后,治病救人"的宗旨,坚持"团结—批评—团结"的方针。要**敢于严肃认真地正视问题,实事求是地对待问题**,对就对,错就错,是就是,非就非,不当老好人。同时,也要实事求是地分析问题。对同志的批评,应着重实事求是地分析错误的实质和根源,以事实为依据,不夸大,不缩小。每个错误的性质如何,程度如何,如何认识,如何处理,都要认真分析、区别对待。

要求批评的事实完全正确,要求批评者的分析完全恰当,也不是实事求是的态度,因此作为被批评者,对于别人的批评尤应虚心采纳,作为自己反省的参考,即使是别人对自己的一点感想,也是可贵的。要尽可能从别人的批评意见中吸取营养。

第九章 军歌嘹亮

——建立快乐型组织

我经常自问:解放军在文化建设上到底有什么独特的地方。经过反复思索,我认为主要有三点:

第一,准战争状态。解放军始终保持着准战争的氛围。这个组织时刻备战的军事文化特质,使这个组织具有了活力。

第二,准家庭环境。大家庭文化,使解放军在内部建设上具有了超越一般组织的凝聚力。

第三,荣誉至上和传统承续的氛围。视荣誉为生命,重视传统教育,使全军官兵始终保持着昂扬的精神。

没有文化的军队是愚蠢的军队,而愚蠢的军队是不能战胜敌人的。解放军建立之初,中国处于连年战乱、灾难深重的半殖民地半封建社会。广大生活在社会底层的农民、城市无产者没有接受教育的机会,而这些人,又是解放军来源的主体。正是在这样的社会大背景下,解放军始终孜孜以求地把提高组织成员的文化素养、提高整个组织的文化素质作为重要的任务之一,力争把这个组织建设成为当代社会最有文化的组织。解放军早就认识到文化建设的重大作用并积极实践,不断发展军队文化建设的组织。对文化建设的专注与倾心,使这个组织具有比同时期其他组织更高的效率。

第九章 军歌嘹亮

解放军的文化建设包含了三个层次的含义，它们相辅相成：

第一，建立一个具有忠诚信仰的组织，使这个组织的成员从一个单纯的战士，变成自觉执行组织使命的战士。这主要通过对组织成员的政治思想灌输来实现。

第二，文化知识的学习。20世纪70年代末，我参军的时候连队还有一些文盲士兵。对这样的士兵，连队从帮助他们识字开始，教他们文化。这些文盲士兵退役前都达到了能读书、看报、写家信的文化程度。

第三，文化娱乐。通过文化体育活动，把解放军建成一个快乐的组织，并以此感染群众。

我曾走过上千个解放军的基层连队，无论在北部边疆还是在东部海防，无论在大漠戈壁还是在都市深处，只要有解放军，就会有歌声。军歌嘹亮成为解放军的一种标志。

其实，我们这个年龄段的中国人，大多是听着军歌的旋律长大的。几乎所有人，无论是否当过兵，都会哼唱几首军歌。这个旋律，使这个组织的成员和组织外的人都感到：这是一个蓬勃向上的组织，也是一个快乐的组织。

这样的组织在中国近代是绝无仅有的。

在儒家思想一统天下的中国，几千年来，甚至至今，中国人不缺少思想、智慧和国家使命，但缺少娱乐，尤其是属于大众的、全体人员的娱乐。

米卢是南斯拉夫人，居住在墨西哥。20世纪末，他曾执教中国足球队，并使中国足球历史上第一次进入世界杯决赛圈。这对千百万中国球迷来说，不亚于一针强心剂。米卢面对中国球迷有一句十分耐人寻味，但国人又少有品味的话：我没有带给中国足球什么，我只是告诉中国足球队员，足球是一项快乐的运动。中国足球因之有史以来第一次在世界大赛中痛并快乐着。

解放军是一个担负政治使命的武装集团，有着庄严的使命，担负着伟大的任务，但就是这样一个组织，却把组织的文化建设与娱乐巧妙地结合起来，为进入这个组织的广大士兵提供了娱乐的条件和能够广泛参与的娱乐舞台，建立起一个真正快乐而团结的组织。

这是世界奇观。

在世界军事史上，再没有哪支军队能够像中国人民解放军那样，是扭着秧歌走进夺取的城市的。就是这支军队，将发源于中国西北部黄土高原的、古老喜庆的舞蹈，演变为中国大地的一种图腾，成为这个国家历经半个多世纪而不衰的"主流舞蹈"，并进而升华成一种精神。

解放军是军事组织，更是"文化"的组织。解放军的文化建设，不仅在部队中具有重要地位，而且成为解放军战斗力的重要组成部分。早年，我曾经访问过一位"红一师"文工团前团员。她兴奋地对我讲："我们那时，一个阵地一个阵地跑，给战士们唱歌，也教他们唱，士气特别高。"

长期战争的环境使解放军明白，士气往往是胜利的支撑。

企业文化是20世纪80年代在美国兴起的一种管理现象，是企业在实际经营管理实践中形成的经营思想、经营作风的综合反映。美国和日本最优秀的总经理们总是不惜耗时费力，大力创造和维护自己的企业文化。著名管理学家柯林斯在《从优秀到卓越》中论述道：好的公司能否变成卓越的公司？如果能够，他们如何才能实现呢？他对1400多个公司进行了研究，最后得出了结论：那些由优秀公司变为伟大公司的佼佼者并不一定都是拥有最新的技术和最擅长管理的CEO，他们最有力的武器是他们的公司文化，一种激励每个人都按照他们想要的方式去工作的文化。可以这样理解：企业文化是企业特有的、具有广泛内涵的一种现象。

一个具有优秀文化的企业，为其员工提供了一个乐观、向上

的工作环境和工作氛围。而乐观向上的员工队伍，有如军队中一群士气高昂的士兵，不仅使组织运行具有了效率，而且使组织具有了参与竞争并取胜的勇气和能力。

一、仪式和标志：做个忠诚的员工

与世界上所有优秀的军队组织一样，解放军需要组织成员建立起对其的高度忠诚。没有这种忠诚，作为一个武装集团，是不可能有效率、不可能有战斗力的。忠诚的建立，一方面要靠教育灌输；另一方面，则是通过仪式，通过成员对"军旗、军徽、军歌"等的高度认同，营造组织标志，提升整个组织的忠诚度。

我从军20余年，留下清晰记忆的是这几件事：第一次向军旗宣誓，表明成为一名正式军人；第一次学唱军歌，在《中国人民解放军进行曲》的旋律中，感受着血液的奔涌激荡；第一次佩戴红领章和红帽徽（当时无军衔），体味着使命的神圣和荣誉的崇高。这些都成为我军旅生涯中抹不去的记忆。

在解放军中，由于特殊的政治历史原因，许多人即使受了委屈，也很少有人背叛这个组织。几乎所有离开这个组织的人，都怀着依依不舍的深情。

雀巢中国公司高级经理孙莉女士，是目前（截至 2004 年）雀巢在中国唯一有公司股份的高级经理。她也曾是位军人。她对我说：对我们这些人来讲，在心理上是永不退役的。她甚至说：虽然离开部队 20 多年，但每年的"八一"建军节都会不由自主地激动。有位公司总裁曾对我说，人的心灵是需要有一个家园的。对我们这些曾经的军人而言，军队就是我们心灵永远的家园。

解放军把组织成员聚集在了以军旗、军徽、军歌为代表的标志之下，解放军所有组织成员在这些具体的标志之下，"为使命、为荣誉"而不惜流血牺牲。这成为解放军组织力量的源泉所在。

我在军旅生涯中经历的最庄严的事件是在每年重大节日、主要纪念日进行由团以上部队组织的阅兵式。阅兵式重要的议程有两个：开始之前的迎军旗和结束之前的送军旗。

迎送军旗，全体军人要行注目礼，带队军官要行举手礼。

可以这样说，解放军的庄严，是用必要的仪式和象征营造出来的。

企业也同样。

美国管理学家西蒙在《管理行为》中认为：组织成员往往有认同该组织的倾向，这也是人类行为的普遍特征。在决策制定的过程中，组织成员在组织忠诚的引导下，从其行动给组织带来的后果的角度，评价各种决策正确与否。在军队管理中，这种认同的传统标志就是部队的军旗。

美国管理学家威廉·怀特创造了"公司人"的概念。公司人就是已经把自己的灵魂卖给了公司的经理人。公司人是群体的一个成员，他忠于该群体。组织人显示了社会的一种真实趋势，是人类特有的"归属感"——灵魂和心灵的归属。

企业的凝聚力，企业组织成员对组织的忠诚，也需要以一定的仪式予以认定，需要有企业组织特有的、区别于其他企业的、具有象征意义的企业名称、徽标。这实际是企业文化建设的一个重要内容。

在企业中，除了对组织目标忠诚以外，在员工中还会培育出一种忠诚，就是对于组织本身和对于组织生存与成长的忠诚。在军队，忠诚是由"手续、宣誓"等仪式完成的，而在企业，则是由"合同、文化认知"等仪式完成的。

企业必须建立自己的图腾，使组织成员为此而激动、自豪。**一个没有在员工中建立起"图腾"的企业，是没有凝聚力和竞争力的。**

中国企业正处于剧烈变革时期,员工对单一组织的生存依赖性在变小,职业的自我选择和职业的自我流动成为常态。今天,实际上已经很难想象一个从校门出来的年轻人的职业生涯会在某个公司、单位终其一生。在今天这样一个市场中,连华为、联想、海尔等这些中国最优秀的企业在内,都遭遇过"叛将带走叛军"这种"伤筋动骨"的人才动荡。很多企业家问我:如何避免出现"叛将带走叛军"的现象?如何打造员工的忠诚?

实际上,我们今天遇到的问题,是世界上所有经济体在转型过程中都遇到过的问题。

从外部来讲,根本解决这个问题,有待于我们整个社会规范的形成,有待于所有企业家共同建立并真正懂得"**契约精神**"——这是市场经济中最重要的一种精神,一种规范。

2006年4月,当第十八届世界杯足球赛开赛之前,有人给百事可乐CEO打电话,声称有可口可乐公司在世界杯足球赛期间的全部营销方案和可口可乐的神秘配方,可以出售给百事可乐。我们知道,可口可乐和百事可乐两家公司已经竞争了100年,可以说是冤家对手,但接到电话的百事可乐CEO放下电话后迅速和可口可乐CEO联系。后来,两家公司共同向美国联邦检察官举报。出卖情报的可口可乐员工在约定的地点接头时,发现来的不是百事可乐的人,而是联邦调查局的探员。2006年7月5日,美国联邦检察官对新闻媒体讲:3名犯罪嫌疑人偷窃可口可乐公司机密信息,并企图将信息卖给这家公司的竞争对手百事可乐公司,检察人员已经对他们3人提出指控。最终,这3名犯罪嫌疑人被处以7年时间的监禁。

为什么这两家争斗了百年的企业会在这个问题上站在同一战线上?答案很简单:**遵守规矩**。在成熟的市场中,人员的流动是经常发生的。但在人员流动中,大家基本遵守这样一个规则:第一,同业禁止。一般来说,企业高管离开原服务企业后,在一段时间内，不能从事与原业务有同业关系的企业，或者从事同种业务。第二，离职人员履职新企业时，需要原企业老板、高管的推荐信——类似中国组织中的鉴定书（欧美大学入学，也需要相应的政府、学界人员的推荐）。IBM 中国公司 2007 年宣布："绝不任用'带兵集体跳槽'的主管，也绝不任用带着前一家公司商业资源前来投靠的人，因为这样的人'有道德瑕疵'。"中国公司也在学习处理这样的问题。第三，用相关法律强化道德约束。2004 年 12 月，金蝶一位高级副总裁从金蝶离职后到用友担任副总裁，分管国际业务。由于这位高管离职前与金蝶签署了《离职备忘录》，承诺离职后一年内不在北京用友软件股份有限公司及附属公司等公司任职，并因此获得竞业限制补偿。结果，他的这种无视法律的行为激怒了金蝶，使他自己成了被告，被深圳仲裁委员会裁决违背竞业限制承诺。旋即，用友公司发表书面声明，解除与这位高管的雇用关系。这位曾经的高管从 2005 年 4 月份开始赋闲在家，另做打算。解决组织成员不忠的问题，尤其是解决"叛军和叛将"的问题，需要大环境的配合。这个大环境更需要所有企业和企业家共同营造。

　　从内部来讲，组织成员的忠诚，需要建立强有力的企业文化。一般来说，一个人对组织的忠诚应该主要取决于 5 个因素：（1）一定的物质待遇；（2）职业理想的实现；（3）心灵的归属；（4）组织的品牌文化；（5）组织的纪律。一个组织如果能够给其成员提供以上 5 个条件，那么这个成员应该是会忠于这个组织的。我们注意到，在这 5 个因素中只有第一项是物质条件，而其他均为非物质因素。**建立忠诚团队的根本是把企业做好。**

　　就我个人的理解，我以为，打造一支忠诚的员工队伍，管理者需要做好三个方面的工作。第一，沟通。在沟通中领导者要学会倾听。善于倾听是建立信任的前提。第二，注意培养员工，尤其是要做好员工培训。许多企业不愿培训员工，担心培训好了员工，他一旦离开，企业的投入就打水漂了。但企业并未想到，不培养、不培训员工，员工不能得到提高，他们离职的意向会更大。今天，对许多年轻人来说，他们不仅看重工资待遇，也同样看重知识积累、技能提高。不关心他们的成长，就留不住他们的心。第三，学会灌输。要把企业的愿景落实在每个人身上，没有捷径可走，只有一条——不断灌输。

二、拉歌：工作是快乐的

我当兵刚到部队时，负责接我们的班长是连队军人委员会的文娱委员。他在路上就一个个地问我们这些新兵，谁是高中生，谁识简谱，谁会演节目。我由于在学校作文写得好，就被吸收到连队俱乐部的板报组。我第一篇见诸"报"端的文章——《我的好班长》，就发表在连队的板报上。

文化与娱乐是解放军部队建设的一个环节，是解放军部队战斗力的来源和重要组成部分。几十年的经验与发展，使解放军深知：**必须在制度上让官兵快乐起来。**

从编制上，在旅团一级，专门设立俱乐部主任一职，并且设有电影组、文化活动中心。

在制度建设上，军队基层文化以连队俱乐部为代表，而在表现形式上，则主要是唱歌。这样，从制度上把艰苦枯燥的事情变成了一件快乐的事。

连队俱乐部通常由副指导员或副连长负责，下设板报组、演唱组等。任何一项工作的开展都需要人力资源和经费保障，解放军据此规定了连队开展活动的经费来源与使用方式。

在制度上，甚至制定了俱乐部工作标准："处处有歌声，人人搞体育，节日有晚会，假日有活动。"

处处有歌声：总政治部推荐的歌曲（解放军总政治部每个时

期都要向部队集中推荐一批歌曲）必须唱，"五前一路"（会议开始前、会议结束前、饭前、课前、活动前和行进路上）经常唱，集体活动要拉歌、赛歌。连队干部要学会指挥，官兵同唱。要以唱鼓斗志、壮军威的队列歌曲为主，也可以唱健康优美的抒情歌曲。

人人搞体育：经常开展足球、篮球、排球、乒乓球及田径、拔河、爬山等体育活动和小型竞赛，人人参加《体育锻炼标准》的达标活动。

节日有晚会："五一"、"八一"、"十一"、新年、春节五大节日，连队要开晚会；班排出节目，演唱组演节目，也可以与赛诗、夸家乡、游艺等活动穿插进行。

假日有活动：因时、因地制宜，开展游戏、游艺、参观、访问、科学讲座、读书报告会、故事会和各种问题竞赛等有益于官兵身心健康的活动，时间为1小时左右，以排、连、营为单位均可。

无论是当过兵的人还是参加过军训的人，对军队印象最深的恐怕要数拉歌了。拉歌是部队中一项快乐而浩大的活动，只要是有兵呆过的地方，不管是在操场，还是在大礼堂，不管是大型集会，还是训练休息，拉歌成了检验各个单位是否团结合作，是否有战斗力的重要标准。在和平年代，拉歌的场面所营造的那种战斗氛围不亚于硝烟弥漫、炮声隆隆的战场。在古代，两军对阵，首先要"叫阵"，拉歌和叫阵都属于一种挑战。有时我在想，铁打的营盘，流水的兵，一茬茬的士兵在完成"营盘之水"的循环后，他们也在这个拉歌的时代完成了声音的接力，而且从中获取了快乐和力量。

"拉歌"是一道壮丽的风景。

记得20世纪70年代中期，我刚入伍，当时部队驻训在中国山西南部的一个村庄中。晚上，要组织看电影。从晚饭开始战士们就兴奋起来。炊事班为此还加了菜。吃饭前，指导员专门站在队列前动员，要大家吃好，因为吃好了有劲拉歌。电影开始前，部队开始叫劲儿。歌声此起彼伏，唱歌变成了一往无前的呐喊，变成了军营热血男儿们用青春撞击胸腔、撞击心灵而翻卷起来的滔滔心潮的轰鸣。那充满阳刚之气、昂扬激越、刚毅强悍的时代强音里，蕴含着的是前进、永远前进的韵律和气概。围观的老百姓人山人海。

每次大的行动，部队都要组织宣传队慰问演出。20世纪80年代中期，我参加南部边界战争，各部队战前的誓师大会往往成为了部队间的赛歌大会。

一般而言，拉歌实际上拉的是团队精神、作风和士气。哪个部队团队精神好、作风过硬、士气高涨，拉歌时获胜的概率往往就高。

世界500强之一的大型连锁商店沃尔玛，也有自己独特的拉歌文化——"沃尔玛欢呼"。

2004年6月的第一个星期五，沃尔玛在其总部所在地美国阿肯色州西北小城本顿维尔举行了一次股东大会。我的一个朋友参加了这个大会。回来后，他对我讲：参加沃尔玛的股东大会需要足够多的体力和足够大的嗓门。当会议将要结束的时候，主持人带头高喊：

来一个W！来一个A！来一个L！我们扭扭腰！呼！呼！呼！来一个M！来一个A！来一个R！来一个T！那是什么？沃尔玛！谁是第一？顾客永远第一！

试想一下，近万人同时放开嗓门，呼喊这种短促有力的口号，还连扭腰带比画的，会是什么样的效果和氛围？"沃尔玛欢呼"一遍遍地在体育场内响起。用不同的语言呼喊，由不同的人领喊。上万人这样喊，可想而知是什么场面。

自山姆·沃尔顿 1977 年开始带领公司员工呼喊这个口号以后，"沃尔玛欢呼"便成了沃尔玛员工天天必喊的口号。据沃尔玛员工介绍，凡是有沃尔玛商场的地方，都能听到这个口号。呼喊这个口号是沃尔玛员工进行自我鼓励的方式，在上班前、开会的时候，或者其他需要的时候，喊一喊为自己鼓劲。

近年来，有经济学家提出"娱乐经济理论"，认为，企业所有的经济活动，都应该是"娱乐"的。我不是经济学家，不知道这个理论的对错，但我知道，在解放军中，实际上是经常把最艰苦、最危险的事情，变成了最愉快的事情。

建立一个文化型的组织，是企业绕不开的一个"坎"。**文化是企业提高效率的倍增器，是融合组织内部关系的润滑剂，是企业竞争的加速器。**

在与企业各层次人员的交流中感到，今天大家普遍觉得压力非常大，普遍觉得缺乏"工作是快乐的"，甚至"生活是快乐的"这样一种体味。大家面临的是个什么样的环境呢？**财富在增加，但满意感在下降；拥有的越来越多，但快乐越来越少；沟通的工具越来越多，但深入的交流越来越少；认识的人越来越多，但真诚的朋友越来越少。**在工作中的表现，就是牢骚不断。这实际是社会转型时期的一种必然。就业压力以及由此带来的工作岗位争夺，使得同事间的关系变得紧张；过去，压倒一切的是亲情、家庭，而现在却是赚钱；生活的节奏越来越快，人们生理和心理承受的负担越来越重。有些人甚至在巨大的压力下罹患心理疾病。心理测试表明，有的人存在抑郁情绪和焦虑情绪，抑郁情绪表现为说话带着灰色的色调，对任何事情持悲观的态度，看不到事物的阳光面和积极面。焦虑情绪的患者表现为经常性烦躁，也容易发牢骚。

在这样一种环境下，一些管理者问我：我如何做，才能成为自己愉快，也给别人带来愉快的领导呢？

第九章 军歌嘹亮

"人生不如意者十之八九","人有悲欢离合,月有阴晴圆缺,此事古难全"。实在讲,我自己也没能够做好。但我以为,在一个团队中,**领导者的心态决定团队的心态**。所以,领导首先要快乐。**快乐的领导才能打造快乐的团队**。那么,管理者如何才能够快乐呢?我以为,面对自己的部属,首先,在处理任何事情的时候,都需要**把别人当成自己**。《论语》中讲:己欲立而立人,己欲达而达人。管理者常常面临的问题是不能一呼百应,并常常由此带来烦恼。其实,在我们下达命令、指令的时候,当我们要实现某个目标的时候,需要站在被管理者的角度想一想,不提超越企业阶段的口号,不做超越企业资源能力的事情,不制定大多数员工达不到的目标。这样,我们自己也不会由于实现不了这些口号、事情、目标而烦恼,而埋怨他人。其次,要**把别人当成别人**,尊重个性。这是个多元化的时代,在这个时代,组织需要一致,但个人也需要个性的张扬。我们在组织中可以强调、要求,甚至约束员工的行为,但在工作之外,需要更多地尊重他们的个性,否则,是自寻烦恼。再次,**要把自己当成自己**。领导是孤独的,越大的领导越孤独。在带领组织前进的过程中,领导个人需要保持自己独立的思考,而在一些时候,组织也需要领导者的独立思考。

"向前向前向前,我们的队伍向太阳……"快乐、向上的文化,还表现在对外沟通与交往上。经济高速发展,商务交往日益繁密,商业依赖越来越强,中国企业要走向国际,就必须打破欧美企业几十甚至上百年建立起来的平衡,由此必然带来贸易摩擦与贸易争端。如何处理呢?有企业家告诉我:微笑是走向世界的护照。

2006年,俄罗斯政府宣布:禁止外国商人在俄从事商业零售业务。数百名中国商人被迫离开俄罗斯——中国商人遭遇俄罗斯商业寒冬。

在中俄间商业争端中，2007年3月，中国国家主席胡锦涛赴俄参加"俄中友好年启动仪式"。27日，胡锦涛来到新切廖姆斯金街，参观在中文教学方面成绩卓著的莫斯科1948中学。胡锦涛主席应正在上课的老师娜卡丽娅的邀请，接过教鞭，指着黑板上的童谣说："请同学们跟着我读：阳光照，花儿笑；高高兴兴上学校；新的一天多么好；见到老师问声好；'老师，您早'！'老师，您好'！"

中国国家首脑温文儒雅的形象，受到俄罗斯人民的热烈欢迎，给俄罗斯人民留下深刻印象。也许是巧合，2007年4月，俄罗斯政府通过一项关于保护外国商人在俄利益的法令，其中专门写道："尤其要保护中国商人在俄罗斯的利益。"据一些专家说，这在俄罗斯历史上是第一次。

我们在前面章节中谈到的中国国家总理温家宝2007年对日本的"融冰之旅"，也是以微笑破解了对抗。

我在这里并不是讲单纯的国际政治故事，而是在讲面对矛盾时微笑的力量——你先调整好情绪，微笑带动对方的快乐情绪。于是，矛盾烟消云散。

三、无情纪律，有情关怀：弹性管理孕育生存能力

建立一个快乐的组织，在于为成员提供一个心情舒畅的工作环境。在这方面，纪律和人情关系的艺术处理成为必要条件。在解放军的文化建设中，"文化"的内涵是多方面的，其功用更是多方面的。

首先，解放军的"文化"是部队无情的"刚性制度"和"如山军令"的有情补充。纪律和军令是刚性的、无情的，是没有讨价还价余地的，但组织需要用有情的"文化"来中和。

部队不断有新人进来，也不断有人出去。我在部队感受和印

第九章 军歌嘹亮

象最深的，是"送行的饺子、接风的面"。新战士进入部队吃的第一顿饭，炊事班是一定要做一锅热汤面的；而每年老兵退伍，最后一顿饭一定是饺子。让新来的人感到温暖，更让走的人带着愉快和眷恋。

无情纪律与有情关怀表现在大事与小事的划分上。过去我们喜欢讲：组织上的事，再小也是大事；个人的事，再大也是小事。但在解放军中，并非完全如此。我服役几十年，深切体会到，只要不是面临作战等重大任务，基层官兵的父母生病，甚至会见女朋友，都可列为大事。

这种看似矛盾的文化现象，还有很多，如，"个人英雄主义"与"孤胆英雄"，"子弟兵"与"老乡"观念等等，都有比较明确的界限，而这个界限的"度"，就是由文化来调节、掌握。

在操作上，通过"文化"来调节、补充部队的内部关系。军队的文化，强调的是"官兵同乐"。通过"同乐"，消除官兵隔阂，融洽官兵关系。

我刚做军官时，部队驻在山区，军官们的婚姻问题成为一个突出问题。所以，当时，我们要求休假最好的理由就是去"相亲"。

相亲，成为我们当时在部队中可以与"训练"、"考核"等相提并论的大事。这使我至今回忆起来还感到温馨。

企业管理应该是刚性的，作为竞争性组织，需要"军令如山"，需要"军中无戏言"。但是，**一个只有严明的纪律而不能使成员心情舒畅的组织，是无法发挥其成员的主观能动性的**，这个组织就没有创造力和战斗力。在一个具有刚性管理的组织中，需要有柔性文化作为补充，这样的组织才具有弹性。而一个具有弹性的组织便具有了强大的生存能力。"上善若水，水利万物而不争。"

刚性与柔性是一对矛盾。**在无情制度下，应该有有情操作的一面作为补充；在人性化管理中，也应该有刚性的制度制约。**

"铁打的营盘，流水的兵。"解放军的新兵入伍、老兵退役和企业人员的流动一样，是组织保持活力的重要内容。但在军队，老兵退役成为一件光荣的事情——"光荣退役"。为了展示这种光荣，要举行向军旗告别仪式；要组织留队士兵开展"为老同志做件好事"活动；要安排好退役期间老兵的伙食，等等。一个战士，在部队服役几年，有愉快的事情，也会有许多对组织、对领导、对战友不满意的事情。以我在基层带兵几年的体会，如果把"光荣退役"工作做到位，老兵在这段期间内就会心情愉快而将以往的不愉快抛置脑后。

从这方面说，"大事与小事"是相对的。

此外，文化娱乐不仅能够策动组织内部的成员，也能影响你的对手。

中国人民解放军《三大纪律、八项注意》中，八项注意的第八条是：不虐待俘虏。

近年来，尤其是2003年伊拉克战争后，我总在想，解放军在"尊重人"方面，远比美军做得好。这种尊重包含了对曾经的战场敌人——现在已经放下武器的俘虏。

在解放军中有专门负责"敌军"工作的部门和人员。我的一位军中朋友曾在解放军南部边界战争中负责战俘管理工作。他告诉我，相较于解放军自己的生活，战俘们的生活可以算得上更加丰富多彩。除去安排物质生活以外，很重要的是文化生活的安排：让战俘们的生活也快乐起来。为此，不仅给战俘像解放军基层部队一样配发了乐器、篮球等文化体育器材，还定期组织战俘和管理人员举行联欢。

我父亲曾告诉我，平津战役后期，大批俘虏补充到解放军中，当时称"解放战士"。连队接到"解放战士"后，首先要做的工作有两项：

第一，会一次餐，让"解放战士"吃上一顿解放军的好饭。

第二，组织一次联欢，官兵同乐，新老战士同乐。

我当兵的时候，部队的团以上军官基本上是参加过战争的，而他们中的许多人，就是曾经的俘虏兵。

解放军的文化不仅起到"化敌为友"的作用，而且把曾经的"敌人"变成了自己队伍中的一员，甚至是骨干。

企业竞争不可避免有竞争对手。能够高高兴兴地"化竞争对手为盟友"是企业家的一种战略，更是企业竞争的一种高境界。

四、军史教育：讲故事也增效

解放军有个非常鲜明的特点，是其对荣誉与传统的重视。新兵入伍后，有光荣传统教育。每支部队，上至集团军，下至作战连队，都把本部队历史上的著名战例、英雄模范事迹作为提高官兵忠于职守、热爱集体的教材内容。几十年下来，这些内容又逐渐形成了一个个传统故事。

"是真佛只说家常话。"一个好的企业家，一定要用员工能够理解的语言诠释企业的使命，诠释管理的真谛。

中国人称企业家为生意人。我认为生意人只有两种：会讲故事的生意人和不会讲故事的生意人。当然，**并不是会讲故事的生意人就一定能够成功，但不会讲故事的生意人是肯定不会成功的，这是事实**。

中国人知道联想，是从"人类失去联想，世界将会怎样"开始的。联想掌门人柳传志为什么能够以20万元起家打造出"中国民族品牌"？于是，一本由联想公共关系部总经理撰写、专门讲述联想成长故事的书《联想为什么》出版，当年销售几十万册。与此同时，联想的品牌电脑在市场上热卖，一举成为占据中国内地市场份额的第一品牌。一下子家喻户晓了：联想柳传志是讲故事的高手。

海尔的张瑞敏也是讲故事的高手。我们知道的海尔大多是从

向解放军学习

"洗土豆的洗衣机"、"厂长用大锤砸不合格的电冰箱"、"海尔模式激活休克鱼"等"海尔好兄弟"的故事中得来的。记住海尔，也是先记住了这些故事。而这些故事，如果我们追根溯源，会发现都是海尔教父张瑞敏自己讲出来的。

讲故事其实也不是什么新招了。当年可口可乐还小本经营地卖糖浆水的时候，故事可多了去了。怎么凑的本、怎么配的药、怎么分的股份……在当时看来，和别的小企业没什么不同。后来可口可乐大发了，整出一本发家史来，还成为畅销书，这比做广告可合算多了。好多研究者还孜孜不倦地从中总结小企业做大的经验呢。这样的例子有好多，要不张朝阳干吗去爬珠穆朗玛峰？王石干吗去坐热气球？都是在为自己的故事丰富脚本。就连比尔·盖茨小时候搞怪，都被人拿出来津津乐道。所以，做企业一定要满足公众要求，不仅是物质上的，而且还得有精神上的。

凤凰卫视老总刘长乐是军人出身，也是个编故事的老手。据说，美国进攻伊拉克后，凤凰卫视"编"了个故事：美国总统下达攻击命令前问他的新闻官：中国的凤凰卫视直播吗？

这故事真实与否没有人深究，但由此可以看出凤凰的实力。

我们看《圣经》、《古兰经》、《论语》这些超越千年的人类"宝典"，实际上都是"人类童话"，是在讲一个个故事，通过讲故事阐明道理。**一个有影响的组织，到最后其影响力实际上就是几个吸引人的故事的流传。**

我所在的部队是解放军少数几支"家底"之一。部队把自己历史上的荣誉变成了特有的文化。有意思的是，传统成为部队战斗力的一部分。所以，昨天的事情，到今天就可以是故事。

企业家思想的传承，也应该从讲故事开始。由于人们习惯于以"询问"及"聆听"的方式来向他人取得事件的内容，而不是通过文字、理论灌输得到，因此，借由说故事来诉说事件、诠释相关思想，的确是比较容易引发人们的兴趣、产生较深远影响、很快见诸行动的方式。其实，讲故事也是每个人与生俱来的天赋。将讲故事手法巧妙地运用到企业管理和运营中，的确可以促使员工愿意敞开心扉，进而达到企业家思想传承、教育引导员工的效果。

为使自己的管理人员更有效地进行故事叙述，1965年，美国有"蓝色巨人"之称的IBM专门在纽约的管理发展部聘请了在好莱坞有15年剧本写作和故事编辑经验的彼得·奥拓作为他们的咨询人员，在有效叙事的训练方面教给IBM的经理编故事的经验。

讲故事，是用最通俗、浅显的方式，来表达深刻的道理。从某种角度讲，毛泽东就是讲故事的高手：当其所领导的中国共产党将要夺取全国政权的时候，他向全党讲"愚公移山"的故事；当夺取全国政权进入决战阶段的时候，他讲西楚霸王项羽的故事，教育全党要"宜将剩勇追穷寇，不可沽名学霸王"。

企业家学会讲故事，一方面，以故事形式教育企业员工，宣传企业文化，提高企业的凝聚力；另一方面，把自己企业的事情以故事形式告诉客户、社会，提高企业的品牌影响力。

世界上那些著名的跨国公司的市场攻略与中国的解放军有异曲同工之妙。我们今天熟识的可口可乐、麦当劳，最早多是从美国好莱坞电影中知道的；20年前，我们疯狂购买日本产品，多是从看日本电视连续剧开始的；韩国经济的影响，我们多是从强劲的"韩流"、从《我的野蛮女友》等电影和歌曲中感受的。

任何一个企业"攻城略地"抢占市场，无论产品如何，实际上都离不开文化。在产品日益丰富、充足的今天，消费者早已不满足于产品单一的使用功能，而关注附加于产品上的文化信息和文化内涵。因此，文化之于企业，对内具有"凝聚力"，对外具有竞争力。**创建一个文化型组织是中国各类管理者的唯一选择。**

成功的企业家，应该是布道者，是讲故事高手。搞明白了这一点，倒让我很是怀念孙敬修爷爷。

第十章 有执行力才有战斗力

——好的制度造就好人

任何时候，军心稳定都是第一位的：打胜仗时如此，遇到挫折时更是如此。军心不稳，地动山摇。但如何才能稳定呢？一方面是教育，另一方面靠有效的制度管理。在解放军的历史上出现"军心不稳"现象的原因，大都是内部思想不统一造成的。所以，解放军在制度建设的设计上，就从"保证坏人不能做坏事，起码做不了大的坏事"方面入手。

企业是人类从事经济活动的一种制度创造。这种制度突破了农耕时代的"工场"、"作坊"式经济组织形式，使工业大生产成为可能。但工业化大生产，需要企业规模增大。企业没有一定的规模则很难出效益，而没有效率的企业又谈何效益？适合企业规模增长，使企业在管理上有重要创新的关键是所有权与经营权的分离。这种分离，形成了委托与代理、授权与被授权，甚至形成了一个新的社会阶层：管理阶层。

这种结构，必然会产生一个问题：信任。

在中国企业20余年的发展中，企业创业者最担心的，往往是在企业发展的关键时刻，企业中有"叛将"带着"叛军""叛逃"企业，联想、海尔、华为这些成功企业都出现过类似问题。

美籍日裔学者福山在其具有影响的《信任》一书中剖析：华

人企业之所以很难产生百年企业，之所以能产生世界级的财富个人但却很难产生世界级的企业，原因是华人社会是个低信任度的社会。

信任，成为企业发展的瓶颈。

在中国人的社会生活中，解放军是个具有高信任度的组织。以我的体会，这种信任是靠建立一套行之有效的监督、检查制度来确立的。通过不断的监督、检查，达到更高层次上的、全新意义上的信任。这种信任，体现在其成员不仅具有非常强的服从意识，而且也具有创造性完成任务的能力。20年前，我的中校军官朋友传授自己在部队工作的经验时，对我这个上尉军官语重心长地说：要想取得领导和上级的信任，最好的办法是请他们多来你的连队检查。确实，在解放军中，越是受到赏识的部队、干部，上级的督促、检查也最多。这种督促和检查，一方面能及时、不断地修正下级的工作，另一方面也加强和密切了上下级之间的关系。

这些年，我直接接触了上百家中国本土企业和企业家。他们**感到最大的困惑是人员的信任问题：不检查，自己不放心；检查，受检查者感到不被信任。**一方面，在老板信任员工和员工（包括高层管理者）信任企业方面，很难达到统一；另一方面，许多企业在不断为"信任风险"买单。

信任创造价值。

可如何达到信任呢？

一、"叛将"与"叛军"：用人要"疑"

前面章节中，我们从文化上谈到如何解决组织成员的忠诚问题。但文化需要建立在制度层面上，制度是文化的基础。对组织来说，制度是船，文化是帆。没有船，风帆就没有了依靠；但只

向解放军学习

有船没有风帆,则船是不能远航的。

如何在制度层面上解决信任问题呢?

我们习惯说,用人不疑,疑人不用。但实践上,只有"先疑",才能做到"后不疑"。早年我读清史,有这样一段记述很让我感慨。

一天早晨,光绪问翁同龢:老师,早晨你吃的什么?翁同龢回答:一碗小米粥,两个鸡蛋。听到老师的回答,光绪很是惊讶:老师家里真有钱呀!翁同龢很纳闷:一碗小米粥、两个鸡蛋怎么就叫有钱呢?光绪回答:一个鸡蛋要20两银子。我每天才能吃一个,你吃两个,还不叫有钱吗?

其实,当时1两银子就能购买100斤鸡蛋,20两银子能够购买2000斤。但由于太监等皇帝身边的人在采购过程中拿回扣,而且通过虚报价格吃高额差价,2000斤鸡蛋到了皇帝饭桌上就缩水成了一个鸡蛋——中间绝大部分被皇帝身边参与购买鸡蛋的人中饱私囊了。出现这种现象的根本原因在于,皇帝对身边的人太信任,缺乏监督。所以,是管理出了问题。

在解放军80多年的历史上,出现过高层领导人脱离、叛变这个组织的事情,但从没有出现过"叛军"。张国焘变节后,竟连自己的贴身警卫也没带走;林彪是解放军中的著名战将、元帅,叛逃时他同样也没有能够带走自己的警卫员。

解放军在制度建设上做到了能够防止坏人做坏事、做大的坏事。政治委员制度在制度建设上是个创造,它能"防止坏人做坏事、做大的坏事"。

1998年,我在欧洲。有朋友知道我曾在解放军中服役23年,专门问我:"中国军队会不会出现哗变?"

我明确告知:"不会!"

第十章 有执行力才有战斗力

在解放军中，各级的权力都是相对的，或者说，权力只在你占据这个位置时才有，并且，在这个位置上，也只有在你履行这个组织的使命的时候才具有。

绝对的权力在党委会。重大问题要表决通过；当少数人意见被否决后，你可以保留意见，可以向上级申述，但要坚决执行已经获得通过的多数人意见；并且规定了事后报告制度，接受检查。

现代组织管理所依赖的通常不是单个管理者的知识和能力，而要更多地依赖管理群体，亦即管理组织。可以这样说，一个好的组织应该是永动机。但由于现代企业规模的问题，企业的投资者、所有者经常面临的是"自己管理企业还是邀请职业经理人管理企业"两难选择的困扰。一般而言，当企业成长到一定规模，任何企业所有者都不可能仅仅依靠自己、家族的力量实现对企业的全程管理。这就出现了"企业的代理与企业委托代理"问题。

在"企业的代理与企业委托代理"中，经常出现的是"叛将"与"叛军"的问题。让老企业所有者们困惑的是：出现一个叛将，往往还带走一群兵。柳传志的联想、张瑞敏的海尔、任正非的华为、王石的万科等等，中国早期成功的企业大多有过这样的经历。

许多人会问，在中国这片土壤上，为什么那些世界一流的跨国公司也经常出现换将、"叛将"的事情，但少有能够带走"叛军"的呢？中国第一代IT业名人吴士宏女士，曾带着豪情离开微软，并写下了《逆风飞扬》一书。但据我所能了解到的信息，没人跟着她出来。而且，吴的离开并没有从根本上改变微软在中国的战略，微软的业绩也没有因为吴的离开而停止增长。

保证所有权不丢失是企业投资者的根本目的。企业的根本目的是赢利，是完成使命。为着这个目标，**对一个组织来说，保证人员的忠诚与稳定非常重要**。

好的制度造就好人

向解放军学习

在远洋船舶上，最高权威是船长，船长有权临机处置航行中出现的任何问题。我发现，无论是中国还是国外船舶，远洋船上永远有两个最好的房间：一个是船长的；另一个则留给"船东"或者"船东代表"。船东代表负责对船长执行船东意图的行动实行监督，保证船舶在航行中处于正确的航线，保证船舶不"哗变"，保证监督船舶资产的安全。

用 20 年时间打造出中国最优秀的地产公司的万科董事长王石在谈到他的用人哲学时，深有感触地说，"用人要疑"。2004 年，他对媒体说：用人要疑对企业很重要。所谓怀疑不是人对人的怀疑，而是建立在制度上的怀疑。现代西方企业制度，先假定人是要犯错误的，于是就用制度来约束。万科从创立到现在，不是自己有什么创新，而是参照西方的成功经验建立起了自己企业的制度。比如，任何职位都一定有专门的定期或不定期的检查，还有离职的检查。起初，许多人都不习惯，说公司不信任人，但后来他们理解了，这不是不信任，而是以不讲情面但却公平的制度让人少犯错误。这也是万科这些年很少犯错误的原因之一。

我们常常遇到这种情况，制定了很多制度，但在执行中往往容易走形，其原因就是缺乏检查。

二、监督与检查：审计出来的信任

信任的基础，是信息的透明。在部队中，一般来说，下级喜欢上级首长到自己部队视察、走访。首长来得越多越说明对该下级信任、喜欢。而这种出于信任的监督和检查，反过来也促进了下级组织的工作，提高了下级组织的战斗力。

解放军的督促与检查形成了制度。部队团以上的司令部、政治部、联勤部和装备部四大机关，主要职责之一是对所属部队执行命令、军官履行职务进行督促、检查——军中行话叫"下部队"。"下部队"是首长、机关每年必须要进行的重要工作，是衡量首长、机关作风的标准。

解放军的督促和检查，表现在对所有工作的落实上。做得好的部队希望通过上级首长、机关的检查，对工作有一个肯定；首长、机关也希望通过督促检查，发现问题，为指导部队改进工作提供依据。

一个好的、成功的企业，是靠督促检查来实现对企业的控制的。

好制度能造就好人，而不好的制度会使好人做坏事。制度并不是要改变人的本性，而是要利用人的利己本性去引导他做有利于社会的事。制度的设计要顺从人性，而不是改变人性。

17～18 世纪，英国的许多犯人被流放到澳大利亚服刑，私营船主接受政府的委托承担运送犯人的任务。刚开始，英国政府按上船时犯人的人数给船主付费。船主为了牟取暴利，克扣犯人的食物，甚至把犯人活活扔下海，运输途中犯人的死亡率因之最高时达到 94%。后来，英国政府改变了付款的方式，按活着到达澳大利亚下船的犯人人数付费。结果，船主们一改以往的做法，想尽办法让更多的犯人活着到达目的地，饿了给饭吃，渴了给水喝，大多数船主甚至聘请了随船医生。犯人的死亡率最低降到 1%。船主还是那些船主，为什么他们一开始刁奸凶残，后来又变得仁慈了呢？并非他们的本性有什么变化，而是规则的改变导致他们的行为发生了变化。

有这样一个故事。有三个人要分一块金币。如果由第一个人切金币并且又先挑金币，尽管你对切金币的人进行反复的道德思想教育，但结果很难确保他真的做到公平公正。这样的例子我们已经屡见不鲜：**企业最大的盗贼，往往是企业内部"失去了控制的人"**。如果我们从制度上这样规定，可以由你第一个切分金币，但是必须让其他两人先挑。制度稍作一些调整，结果会怎样？结

向解放军学习

果是：你再也不用对他进行思想教育，你也不用给他作任何规定和指示，他自己会想方设法，运用一切合理手段，慎之又慎乃至纤毫必较地去切分，尽量做到平均。因为一旦分的不均，吃亏的将是他自己。这样就从制度上保证了公正。

故事的启示在于：人是企业管理所有要素中唯一具有主观能动性和创造性的因素。要想最大限度地激活人力资源链条，我们在制度设计上就应充分考虑一个问题，即如何最大限度地调动并激活员工工作的主动性和创造性，如何**将制度的设计目标与执行者的切身利益最大限度地联系在一起**。这是任何管理者在制度创新中不能回避的课题，也是企业管理者在工作中必须面对，并且自始至终都将面对的课题。

美国通用电气公司是由著名发明家爱迪生创立、J. P. 摩根打造的世界上著名的"百年老店"。在这个有30多万员工、10多个业务单元，下属企业遍及世界各地的超大型跨国公司中，企业的控制实际上是以审计来实现的。

由于工作关系，这些年我曾专门研究通用的内部审计问题。通用为其公司审计部门规定了即使在美国公司中也可算是标新立异的工作目标：超越账本，深入业务。

其内部审计包括两类：首先是下属企业财务部门自己的审计，重点审查其自身经营情况和财务活动是否符合总公司的规定；其次是总公司一级的审计。总公司审计部门的任务是发现问题、分析问题和解决问题。通用电气认为，要做好审计工作，有两个关键问题必须解决：一个是共同接受的会计标准和原则；另一个是双重报告系统：每个产业集团的财务负责人既要向本企业的负责人报告，还要直接向总公司的财务副总裁报告。

他们以审计实行集团控制。审计人员首先从查账入手，但决不止步于单纯查账，而是花费更多的时间和精力去研究可能有问题的业务，包括业务流程和有关策略、措施，意在从中发现经营

效果、公司内部资源的开发利用、产品质量和服务等各个方面有无可改进之处。他们对于风险大、一般利益也大的方面尤其注意。因为员工习惯在风险面前明哲保身,往往出现低效率、浪费、不求进取等种种弊端,而这些领域恰好为审计人员施展才华提供了大好机会。

通用的经验给人们带来这样的启示:**企业再大也是可以控制的,关键是要找到一个既符合现代企业管理精神,又切实可行的办法。**

美国通用是用审计监督实现了经营管理者经营管理过程的透明,再通过透明,把问题摆出来,从而实现了信任。

一位著名企业的副总裁曾对我讲:**在企业内部,凡是摆不到桌面上的事情,就有猫儿腻;而有猫儿腻的事情,对企业、对员工最终都不会有好处。**

审计使所有事情能够摆到了桌面上。

三、前敌委员会:有效授权

解放军作为执行特殊任务的武装集团,既要具有坚定的服从与执行能力、严格的命令,但在具体的实施过程中,又要具有一定的灵活性。"将在外,君命有所不受"。战场环境瞬息万变,一线执行指挥者要有临机处置的能力和余地,只有这样,在小的、具体方面,才能保证部队能够遂行作战任务,并能够取得战术、战役的胜利;在大的方面,才可以在战略上保证部队能够绝对服从其创建者、指挥者中国共产党的领导——这是解放军制度建设的精髓。

在解放军中,委托与代理是时时的。凡是入伍的新兵,接受的第一项训练,是"服从命令、听从指挥"。而这个命令与指挥的发出者是谁?班长。所以,具体到要首先听班长的指挥。推而

向解放军学习

言之，班长听谁的指挥？排长。依次类推，构成层级代理。但仅此还不能完全解决信任问题。

一位著名学者谈道：中国"军队的平衡和控制，统一由中央军委下面的总政治部负责，它掌管全军党的政治工作，是军队统一和执行的保证"。

在解放军中，并不实行个人负责制，而是委员会与首长分工负责制相结合的制度。这是支部建在连上的制度基础。换句话说，军队中最高权力者不是首长，而要看"委员会"的授权。军队军事和政工的最高领导同为该部队的首长，但部队不是首长说了算，而是委员会（同级或上级党委会，支部委员会）说了算，这在实际上保证了"首长"必须带领部属能够贯彻委员会的意图；而委员会则是党的意志在部队的代表。这在组织制度设计上体现了：第一，是保证执行，保证执行正确的决策命令，保证党的利益。第二，保证不让坏人做坏事，起码是做不了对组织"伤筋动骨"的坏事。

1996年，中国要搞国庆天安门广场联欢。解放军总政治部责成北京军区负责牵头驻北京部队的总协调工作。我当时在北京军区具体负责该项工作。在北京西山的第一次协调会上，驻京各兵种、各部队纷纷提出了诸如兵员、物资等困难。负责的北京军区一位副司令员听完汇报后说："按照总部要求，北京军区负责对此次行动总牵头协调。那么，我们要求，各个部队要按规定要求、规定时间，到达规定地点，完成规定的任务。"

这次任务完成得当然很好。

监督是对授权的监督，而通过监督，又进行新的授权：扩大权限或是收回权限。效率也建立在有效授权上。

解放军管理所依赖的通常不是单个管理者的知识和能力，而是更多地依赖管理群体，亦即管理组织。解放军的各级管理组织，与解放军的组织体制相应，是由解放军的各级领导机关或领

导人员组成的,如军、师、旅、团、营等。在各级管理组织中,大多有一个领导核心,或称领导班子。这种领导班子实际上是一个以军政首长为核心的领导集体。

解放军的组织体制中,实行的是党委集体领导下的首长分工负责制。为避免这种制度带来的职责不清、效率低下,甚至无人负责、推诿扯皮问题,战争年代,特别设立了前敌委员会,并设党的书记,解决统一指挥、调度部队诸问题。目前环境下,则在党委集体领导下,由军政首长负责各自的主管工作。在其他情况下,则指定临时代理人,从而保证了部队各项工作的效率。

授权是大型组织所必需的管理方式,也是企业管理的重要内容之一。

授权是指组织的管理者将原来由自己执行的某一部分权力委托给组织的其他成员代为执行的行为。在企业管理实践中,不少企业老板、企业管理高层对授权认识不足,不懂授权,不敢授权,不愿授权,不会授权,导致企业组织要么权力过分集中(产生独裁),要么权力过分分散(各为中心),甚至权力关系混乱,严重影响了企业的领导权威和领导活动的应有效果。

企业产权不是管理者的,但管理者的利益与企业的利益息息相关。

作为老板和高层管理者,对企业管理中的授权:第一,需要明确有哪些权力要"授",也就是对授权进行界定。权力是多种多样的,工作任务是纷繁复杂的,不是所有的权力都可以授予下属,不同的权力对应不同的授权内容与授权对象。第二,需要明确授权给谁。不是所有的下属都可能成为被授权人,拟授予的权力一定要与被授权人的职业道德、责任意识、胆识魄力、专业技能、合作精神、个性特点等诸多因素协调匹配。为此,领导者可找出有可能成为被授权者的下属,并将其分为下列三种人(需特别说明的是,以下的"才"包括知识、能力、技能等内容)。

向解放军学习

领导有可能授权的三种人：

第一种，德才兼备型。任何组织都需要"有德有能"的人，但"金无足赤，人无完人"，所谓"德才兼备"的"圣人"型人才只能成为组织用人的一种理想。在实际组织运作中，须把"德才兼备"中的"德"与"才"，按照组织需要进行重新界定："德"，主要表现为对组织文化的认同，并遵守组织价值观；"才"，则具体表现为具有较高的职业技能，具有较强的组织需要的工作能力和技能。达到这两点，就是组织需要的"德才兼备"型人才。

第二种，才强德弱型。这种组织成员有胆识、有魄力、能创新，具有很强的专业技能。但是，对组织文化、组织价值观在思想和行为上并不积极主动认同。这是组织中比较多的人。对这种人，领导不能不授权，因为他们是组织实现目标和使命的主要力量，他们就如同《西游记》中的孙悟空。对这样的组织成员，成功的领导者（唐僧）在授权的同时，一定要再授一个"紧箍咒"。**有监督的授权才有效率。**

第三种，有德少才型。这种人对组织具有忠诚一面的同时，又有专业技术能力弱的一面。对这样的人，组织应该通过学习培训和一定的岗位锻炼，提高他们的才能后，再行授权。

需要表明的是，组织授权还有一个方法问题，即是在有"才"的人里面选有"德"的人，还是在有"德"的人里面选有"才"的人。这是两种不同的用人观，直接关系到组织的竞争力。

在有"才"的人里面选有"德"的人，是先看人的能力，再看人的品质。这种选择授权对象的方法，把有才能的人留在了组织中。对其缺少的"德"怎么办？靠监督和控制。像《西游记》中的唐僧一样，把"紧箍咒"戴到武艺高强、有个性的孙悟空头上，用其才，而控制、监督其"恶"，从而打造出一个具有竞争力的"骨干"。

在有"德"的组织成员中选有"才"的人，是先看人的品德再看人的能力，很有可能先把有才能的人剔除出去，留下一些"道德模范"。但任何组织都具有竞争性，这样选人的结果，是使组织竞争力逐渐下降，直至失去竞争力，最后被淘汰。

有效的授权往往能够实现员工与企业的双赢，一方面可以满足员工建功立业的个人追求，另一方面也是实现公司战略规划的一种必然选择。否则，员工会不思进取，而管理者也会陷入俗务之中而不能自拔。松下幸之助说过，一位称职的管理者应该"只做自己该做的事，不做部属该做的事"。有效地授权，就是管理者该做的几件大事之一。

归根结底，授权首先是要将权力授给能够胜任工作的人。其次是要对接受授权的员工进行监督和控制。**没有制约的权力是不可想象的**。仅有授权而不实施反馈控制会招致许多麻烦，最可能出现的问题是下属会滥用他获得的权限。因此，在进行任务分派时就应当明确控制机制。首先要对任务完成的具体情况达成一致，而后确定进度日期。在这些时间里，下属要汇报工作的进展情况和遇到的困难。控制机制还可以通过定期抽查得以补充，以确保下属不能滥用权力。但是要注意物极必反，如果控制过度，则等于剥夺了下属的权力，授权所带来的许多激励效应就会丧失。

第十一章 经常拉响战斗警报

——竞争对手是磨刀石

前面曾说道，解放军的效率在于这个武装集团始终处于"准战争"状态。这种时刻做好战争准备的氛围，使这个组织对环境具有高度灵敏的反应，因而使军队具有了强大的活力。

这让我想到了所有军人都经历过的"紧急集合"。"紧急集合"是军队作为战斗组织的标志之一，军队是要时刻准备打仗的。很难想象，如果部队没有了"紧急集合"，还能够打好仗吗？

企业从创立到奠定在行业内具有话语权的地位，大约需要15年到20年左右的时间，而15年到20年这个时间段常常成为企业生命周期中从上升变为下降（衰败）的转折期。为什么会出现这种情况？我这些年解剖了不少企业运作案例，得出的结论是：企业由于在市场竞争中的胜利而对原有竞争对手的市场能力开始轻视了；对新的市场进入者，看不到了。总之，是失去了应有的市场警醒。

一、预警机制：先生存，后发展

20世纪90年代初，海湾战争之后，美国五角大楼出台《美军21世纪作战纲要》。我读到这本小册子时十分震惊：美军居然

第十一章 经常拉响战斗警报

把解放军作为 21 世纪作战的主要假想敌。但冷静一想，又很释然：解放军同样把美军作为作战训练的主要假想敌。不仅解放军中的中高级干部，而且普通士兵的战法训练，都增加了针对美军的训练科目。

任何一支优秀军队都把世界上最强的军队作为自己作战训练的对手——"假想敌"，这是军队中普遍性的常识问题。

在中国历史上，清朝是个值得玩味的朝代。满清是个百万人口的民族，但依靠八旗军打败了拥有 4 亿人口的明王朝。然而，马上取得江山统治中国 300 年的八旗兵，到清末时自己却销声匿迹了，清后期不得不依靠曾国藩以团练为主的湘军（地方武装、民兵）和袁世凯编练的所谓的新军。八旗兵为什么会这样衰退呢？答案是：长期没有了敌人，自己退化了。

解放军的效率在于，它始终保持了"战斗队"的性质。而战斗队是需要有"对手"的。中国改革开放的总设计师邓小平是带兵打仗出身，很了解军队。1975 年，他就任总参谋长时说，部队长期在和平环境下，会懒、散、臃肿，提出要整顿军队。1980 年，他任军委主席后，组织了解放军有史以来最大规模，代号为"802"的军事演习。我当时以初任军官参加了这场规模浩大、持续半年的演习。

同样，企业也是竞争性组织，既然是竞争性组织，就必须有与之竞争的对手。一个没有对手的企业和产品，是没有竞争力的企业和产品，必然被市场淘汰。

组织的竞争力来自于对手的强弱，对手的强弱决定企业自身竞争力大小；没有对手的组织，自身也会消亡。

但是，作为竞争性组织，企业经营却不能以消灭竞争对手为唯一目的。在激烈的市场竞争过程中，企业同样面临如何"保存自己"的问题。研究杜邦、汇丰等百年企业经营之道，很重要的一条是，稳健经营。你会发现，他们的投资和经营，前提是如何

竞争对手是磨刀石

不会亏损，有了这个前提，然后再谈如何能够赢利。

这很像我们经常见到的各种场馆等大型建筑。很多人不会注意，设计、建筑一个可容纳万人、数万人的体育馆，建筑设计师优先考虑的不是如何能够容下这些人，而是如何使这些人能够顺利退出——安全通道和安全门。如果不解决这个问题，这个场馆不仅是失败的设计和建筑，而且会酿成灾难。

安全与退出，是企业经营管理中的重要机制之一。

二、培养蓝军：危机意识长存

在战场上，一个优秀的指挥官，他第一要知道谁是敌人；第二要知道敌人在哪里；第三要知道用什么方式战胜敌人。

在和平环境下，一个优秀的指挥官不仅要把世界上最强的军队作为自己潜在对手来组织部队训练，而且要时时拉响警报器，通过"紧急集合"方式，故意制造"紧张空气"，而使部队经常保持"战斗队"作风，随时处于"临战状态"。

因此，**一个具有效率、具有竞争力的组织，首先应该感谢敌人。**

解放军的效率与强大，是在不断与对手较量、作战中提高的。没有国民党军队的五次围剿，就不可能有震惊世界的长征，更不能有经过长征磨炼、百折不挠的红军；如果没有与日军作战、没有百团大战、没有平型关大捷，如何能显示出共产党领导的八路军的作战能力？

清朝康熙大帝在继位执政60周年之际，特举行"千叟宴"以示庆贺。在宴会上，康熙敬了三杯酒，第一杯敬孝庄皇太后，感谢孝庄辅佐他登上皇位，一统江山。第二杯酒敬众大臣和天下万民，感谢众臣齐心协力尽忠朝廷，万民俯首农桑，天下昌盛。康熙端起第三杯酒说："这杯酒敬我的敌人，吴三桂、郑经、葛尔丹，还有鳌拜。"宴会上的众大臣目瞪口呆。康熙接着说："是他们逼着朕建立了丰功伟绩。没有他们，就没有今天的朕。我感谢他们！"

如果没有吴三桂这些敌人，康熙会有一番丰功伟绩吗？历史不能假设，但有一句话说得好，"一个人的身价高低，就看他的对手"。没有对手，你看不出自己的价值，显示不出你的能力。对手总会给你带来压力，逼迫你努力地投入到"斗争"中，并想办法成为胜利者。在同对手的对抗中，你才能真正磨炼自己。就这层意义而言，**你的对手是你前进的推动力，是你成功的催化剂。**

生于忧患，死于安乐。如果你不想一生平庸，就微笑地迎接一切挑战吧，向你的对手敬杯酒，感谢他们给了你成就自己的机会。

解放军之所以拥有强大的战斗力，在于它时时刻刻有"敌人"。

朝鲜战争结束后的半个多世纪，中国国内基本没有大规模的战争，但是，解放军始终把训练的基点瞄准世界一流军队，并在自己的演习中与其交手。特别是20世纪80年代以后，解放军还借鉴西方军队作战训练的基本经验和方法，在集团军级作战部队培养"蓝军"司令，组建"蓝军"部队，为部队训练制造"敌人"。把世界上最强大的军队作为自己的"假想敌"，是解放军保持活力和战斗力的关键。

企业组织的生命与个体生命一样，必须有来自外部的刺激。一个失去刺激，或者不能接受刺激的生命，没有竞争力。树立竞争对手，就要了解竞争对手，所谓"知己知彼，百战不殆"。在市场竞争中，应当使用一切可能的和必要的侦察手段，全面获取市场竞争流程各个方面的情况，以达到保存自己，战胜竞争对手的目的。

向解放军学习

企业不可能培养"蓝军",但企业应该有危机意识。

凡大有作为的企业家,一定是始终保持市场警醒的企业家。微软董事长比尔·盖茨经常挂在嘴上的是"微软离破产只有18个月"。华为集团老总任正非也总在为企业"制造紧张空气",通过这种不断的"紧急集合演习",来使企业和员工对市场保持"战斗态势"。任正非是中国为数不多的经常亲自通过写文章来表达自己思想的企业家。他有篇非常著名的文章:《华为的冬天》。文章通篇在讲"危机";在讲企业要"居安思危";在讲企业的和平年代越长,"泰坦尼克"号沉没的灾难就一定会到来……

华为集团是中国电信设备供应商,在电信设备供应市场上,自1995年后,中国同类产品企业就没有能望其项背者。为保持企业的竞争态势,华为始终瞄准国外一流电信设备供应企业为自己的追赶目标和竞争对手。2000年开始,华为在一片担心中,与欧洲最大的电信制造商西门子在西门子"家门口"展开竞争,取得了可喜的市场佳绩。

10年前,在中国电信制造商中,"巨(龙)、大(唐)、中(兴)、华(为)"四家并驾齐驱,代表了中国本土电信制造业的水平。今天,毫无疑问,华为已经远远走到了前面。

海尔老总张瑞敏也经常表示:我每天都战战兢兢,如履薄冰。

始终瞄准对手,是企业生存发展的必由之路。

三、军情决定成败:及时了解竞争对手的动态

"制造敌人",就需要知道谁是"敌人","敌人"在哪里?而要做到这一点,就需要组织建立起一套灵敏的神经反应系统。

第二次世界大战期间,德军的一名参谋曾经通过望远镜观察到法军阵地上经常出现一只波斯猫。谁能养这么昂贵的猫呢?由

此推断出，在猫的栖身之处有个敌人高级指挥所。德军迅速集中火力，一举将其摧毁。事后证明，这确实是法军的要塞指挥中心。

诺贝尔经济学奖得主西蒙认为：人类组织发展的强大是以牺牲效率为代价的。他举了恐龙的例子。

恐龙是迄今为止地球上生存过的最大的生物体。但遗憾的是，这个庞然大物在数千万年前的生物进化中消失了。据古生物学家考证研究，恐龙的消失与其神经反应慢有一定关系。据说，在恐龙脚上扎一根刺，反应到大脑需要两三分钟，再反应过来，进行防御，又需要这么多时间。中学的生物老师这样告诉学生：如果把恐龙的脚砍掉，三分钟后它才反应过来，这时，敌人早跑了。

企业在组织增长的同时，为避免效率的损失，必须建立与之相配套的神经反应体系。

组织神经反应体系，就是组织用什么来接受外界刺激，由谁来传递，谁来判断，怎样作出反应。

在军队，这个系统是由情报与通讯部门来完成的。而在企业，则是由相关的竞争情报部门来实现的。

有时候，一条信息就足以使交战双方中的一方占据优势。搜集、掌握和截获军事情报，是在所有战役和战斗中获胜的关键。

在红军长征中有一个经典战例：四渡赤水。毛泽东的军事指挥艺术在这场战役中得到了淋漓尽致的发挥。但许多人不知道的一个细节是，战役前，红军缴获了国民党军队一部电台和一个电报员，但电台被炮火震坏，只能收报，不能发报。当时，国民党军队以为红军没有电台，部队调动不仅用明码电报，有时干脆就直接在电台上喊。这样，红军在哪里国民党军队不知道，但"围剿"的国民党军队部署和调动却全部在红军掌握之中。

竞争对手的动态，关系到企业的生存。

美国哈佛商学院将企业竞争情报列为企业在人才、资金、技术之后关系企业生死存亡的第四种因素。

我以为，企业竞争情报尽管可以有这样那样的定义，但归根结底超脱不出一句话：企业和企业家对经营环境和经营对手深刻全面的分析和了解。这是企业竞争情报的全部意义之所在。企业是资金、技术和人员的集合。在一个成熟的市场经济环境下，资本是不插国旗的，哪里有赚钱效应，钱自然向哪里流动；人才是流动的，哪里有成长空间，人才就向哪里去；技术是可以购买、追踪、赶超的。唯有这第四种因素是必须自己来运作的。

第四种因素就是企业在生存竞争环境中，要时时注意谁是"敌人"，谁是合作者，市场需要什么样的产品等问题。

今天，在激烈的市场竞争中，及时、准确地获取信息情报，是决定成败的一条重要因素。有些国际企业为获取商业情报几乎不惜代价。德国是制作啤酒的强国，有着制造啤酒的先进技术。日本一个企业的经理对德国的啤酒酿造技术早已垂涎三尺。他发现啤酒厂老板每天乘坐一辆黑色轿车进出工厂大门，于是他想出了主意。当老板的黑色轿车驶过来时，他从工厂门口装成横过马路突然跌倒的样子，故意将自己的一条腿伸到车轮下，结果腿被轧断了。当时德国有一条法律，车祸肇事者要坐牢。这位老板为了不把车祸声张出去，便将日本人送进医院抢救。啤酒厂老板十分抱歉地说："很对不起，你客居异乡，今后打算怎么办？"这位日本人却说："没关系，等我的伤完全好了之后，你就让我看大门好了。"就这样，他在那家啤酒厂看了3年的大门，刻意寻找机会，将啤酒厂内的生产流程、工艺配方等一一了解透彻后回到日本。3年后，德国啤酒商发现日本人不再购买他的啤酒了，而且他在东南亚的市场也逐渐失去。当德国啤酒厂总经理到日本拜访他的同行时，才发现这位日本老板正是被自己的车轧断了腿的"看门人"。

四、不打无把握之仗：张瑞敏的"三只眼"

美国总统出访时有一名不离左右、手提一个黑色密码箱的海军陆战队军官，据说皮箱里装的是美国在遇到紧急情况下总统的各种处置预案，其中包括所谓的"核按钮"。

2003年4月，美伊战争开始。据媒体报道，为打好这场战争，美军在美国境内训练基地专门设置了模拟伊拉克地形环境的演习场，对参战部队进行了半年的训练。以至于一些美军士兵声称：作战就同演习一样，没有感到有什么陌生的地方。

解放军著名元帅刘伯承曾说：要用脑子打仗。用"脑"是"思"的结果。而这种"思"，是建立在对环境和对手全面了解基础之上的。

解放军各级作战单位按照作战任务，也都有几套作战预案。1986年，我在"红一师"某连队担任主官。报到后做的第一件事，就是了解和熟悉连队的几套不同的作战预案。后来我知道，部队每年还要按照预案演习几次，以便部队成员能够熟悉并按照方案执行。

毛泽东曾说：不打无把握之仗。1984年，我参加中国南部边疆的一场局部战争。每次行动，部队各级都要先进行沙盘推演，并反复数次，然后是实地侦察。

战争中，凡事预则立，不预则废。市场竞争同样如此。任何产品都有自己的生存周期，周期性运转是市场发展的规律，只不过这种周期是螺旋性的罢了。

市场的循环景气自有波峰低谷之分，但经营企业绝对不应该有高兴和不高兴的乍然变脸，**一切都应该在预料之中。**

企业竞争情报体系能使企业对市场具有灵活的反应。这主要表现在：

预警功能。竞争情报最重要的功能之一是使企业避免受到突然袭击。美国假日宾馆曾提出这样的口号："最好的惊奇是没有惊奇。"许多企业倒闭不是因为整个大厦的倾覆，而是由于一块砖、一根钢丝的断裂。任何企业的发展都必须要学会危机管理。竞争情报有助于发现市场上的威胁和机会，并通过减少对手的反应时间增加自己的反应时间而获得竞争优势。竞争情报能使公司及时发现潜在的威胁，并迅速采取行动。

　　决策支持功能。竞争情报对高层管理人员在企业并购、投资、竞争领域选择等方面的战略决策具有积极作用。利用竞争情报可以使企业主管增加决策的成功率。

　　标杆学习功能。竞争情报工作不仅能帮助你决定是否进入一项新的业务领域，并能使你知道如何实际操作，还能帮助你不断接触新思想和先进的管理方法，从而避免思想僵化。竞争对手可以是你最好的老师，为你提供经验教训，为你提供参照的标准。日本一个设计了大型油轮的海军设计师被要求设计日本第一艘游轮"水晶和谐"号。在正式着手设计之前，他和另外两个设计师在全球乘不同的游船游览。每天晚餐前，他们都会对豪华游轮上的餐厅进行拍照。晚饭后，他们会数一数酒吧里有多少人，有多少人在跳舞，有多少人在甲板上漫步。他们还清点游泳池里的人数和躺椅的数量。他们对能看到的一切都作了记录，然后才回到房间里把数据输入数据库，以备以后分析用。他们每天都工作到深夜。经过几年旅行和竞争情报搜集工作，模仿"伊丽莎白女王二世"号游轮，重49000吨的"水晶和谐"号下水了。日本从此成功地进入了豪华游轮的行业。

　　美国中央情报局局长曾公开宣称："美国中央情报局无意打一场经济间谍战，但实际情况是，现在40%的情报是有关经济的。中央情报局将密切注意世界经济趋势和技术发展情况，提供有关这方面的情报，供政府各部门参考。"

第十一章　经常拉响战斗警报

树立敌人，前提是你要知道"谁是你的敌人"？"敌人在哪里"？

张瑞敏认为，企业要生存，就要具备"三只眼"。他说：计划经济下，企业长一只眼盯住领导就够了。市场经济下，企业要长两只眼，一只盯住员工，达到员工满意度的最大化；一只盯住用户，达到用户满意度的最大化。但在由计划经济向市场经济过渡时期，企业还要再长第三只眼，用来盯住国家政策、国际市场变化。张瑞敏举了海尔的三个例子——一个是1992年邓小平同志南方谈话后，海尔抓住机遇搞了海尔工业园；一个是1997年利用国家优惠政策，一下子兼并了18个企业；再一个是国际方面的，就是在东南亚金融危机时，连自己设在那边的生产厂的产量也在收缩的时候，在那里大做广告，其广告价格是危机前的1/3。结果危机一过，海尔产品在东南亚销量大增。

在一个竞争的市场中，企业永远处于后有追兵、前有堵截、上有雨雪、下有泥泞的环境中。组织必须根据环境的变化和自身发展的需要，不断地及时调整组织内部各个要素之间的相互关系，以及组织与其赖以生存的外部环境之间的相互关系。对任何组织来说，不存在一成不变的、最好的管理方法。管理的秘诀在于管理者能够在不断变化的环境下采取合理的行动的成功率。

企业家应该随时保持备战状态，永远"战战兢兢，如履薄冰"。这样的企业才能生存。

第十二章 让所有人参加比武

——不断地自我变革激励成长

军人都知道,军队的战斗力,不仅表现在成员的勇敢无畏上,也表现在这个组织的作战编成和战斗队形的变换上。长期以来,解放军在内部不断进行这种"队形变换"。单一兵种时,是"三三制",即师辖三个团,团辖三个营,营辖三个连。多兵种时,实行"集团军制"。在这个编成内,是以火力配系为主的战斗单元编成。游击战时,部队是小群多路;运动战时,解放军则相对集中成大军团,并组建了野战军。

一个组织的活力,很大程度上来自内部有无向上的力量,这种向上的力量,使组织主动变革,产生效率。当组织成长到一定程度时,已经没有人能够战胜他,打败他的只有他自己。如同这个地球上最大的动物恐龙,当巨大到没有对手的时候,最终消灭它的就是自己。

组织成长面临着矛盾:一方面,它要生存,就得再发展。发展是组织生存的前提。另一方面,人类任何组织的发展,都是以牺牲效率为代价的。大的组织,毫无疑问会产生"官僚主义"——这是人类组织的通病。所以,**组织的生存与成长,一方面在于他对外界刺激变化的迅速接收与反应;另一方面则在于通过自身的调整以应对。**这就是变革了。所以,对任何组织来说,

变革都是关乎生存的大事。

解放军是个非常"OPEN"的组织。在其内部已形成了自我变革、自我完善的文化机制和操作功能。解放军之所以具有超强的战斗力与效率,就在于它通过不断地变革,使组织始终追踪世界军事变革的潮流,并勇立潮头,接受挑战。

军人出身、创办了位居世界行业第一的奥美广告公司的奥格威先生曾幽默地说:"竞争胜利,就是你比对手活得更长一点。"

一、军事变革:宁高宁的"十大转变"

军队是要作战打仗的。从军队的主要作战对象来看,没有永恒的朋友,只有永恒的"敌人"。

由于主要作战"敌人"的转变,由于当代科学技术的发展带来的武器装备的更新,由于新军事思想和军事实践带来军事革命的变革,解放军几乎每日每时都在变化、调整着自己。

我在部队中时时能够感受到变化。这种变化表现在方方面面,比如在练兵中,目标敌人、假想敌的不断变化就带来了训练内容与训练方式的变革。

实际上,由于新技术革命的影响,人类已经进入一个多变的时代,体制的变革把我们从一条风平浪静的计划经济的小溪推向了充满惊涛骇浪的市场经济的汪洋。这种变化是彻底的、革命性的,又是客观的、必然的。而对于一个优秀的组织来说,在变化来临之前就应预见到变化;在变化到来之后,应当知道怎样对待变化、适应变化。要知道,事物的变化是客观的、绝对的,而不变是主观的、相对的。其实,我们周围每天都在变化,只是因为这种变化细微而不易感知,因而容易被忽略。我们很多的人都习惯于这样一种情形,即漠视身边细微的变化,而面对急剧的变化却表现出顽强的抗争,抑或是徒劳的抗争。然而问题是,很多情

向解放军学习

况下,变化是在悄然间发生,却未被感知和觉察,以至于铸成悲剧,就像一只扔进冷水里慢慢被加热煮熟了的青蛙。**在这个多变的时代,如果你不改变,你就会被淘汰。**只有敏锐地注视着局面的细微变化发展,未雨绸缪,主动作好知识积累、技能积累、体能和精神积累,我们才能自如地面对必将发生的变化。

近些年,企业经营环境的变化是巨大的。华润集团总裁宁高宁先生是军人出身,他总结了企业生存环境的十大转变:

第一大转变是工作方式。在企业中,可能这是每天都要面对的。作为员工,你要感受、了解这种变化。

第二大转变是管理方法。

第三大转变是体制的转变,家族企业也试图走出一条新的路子。

第四大转变是制度转变。

第五大转变是业务增长方式的转变。

第六大转变是信息系统的转变。

第七大转变是成长阶段的转变。

第八大转变是经营环境的转变。

第九大转变是人员构成的转变。

第十大转变是企业发展的转变。

在竞争环境中,变化是永恒的。

二、从红军到解放军:柳传志的"鸡蛋孵小鸡"

战争的目的是为了战胜对手、消灭敌人,而聪明的军事指挥官为了达到消灭敌人的目的,首先要做的是如何保存自己。毛泽东曾指出:只有保存自己,才能最终消灭敌人。在近现代80多年的历史中,解放军之所以能够成为中国军事组织中的最终胜利

第十二章 让所有人参加比武

者,其始终注意把保存自己的有生力量放到整个组织生存发展的战略高度,来审视制定自己的具体战略是重要原因。为了最大限度地保存组织的有生力量,解放军战史上的许多战例,甚至是以主动牺牲局部、小的利益而换取最终胜利的。最著名的是由刘伯承、邓小平率领晋冀鲁豫野战军(二野前身)进行的"千里挺进大别山"。1947年,是解放军面临取得全国胜利的转折之年,同时也是解放区和解放军最困难的一年。国民党军队不仅占领了具有象征意义的延安,而且牵制了解放军的主力兵团。为彻底打破这种不利局面,中央决定"千里挺进大别山",把战场引到蒋管区,用一支部队牵制大量敌人。事后证明,这是决定战略胜负的关键一着棋。

在世界各个国家中,我们很少看到一支军队能像解放军那样,为了适应环境的变化,从最初的红军到八路军、解放军,到为了完成不同任务使命的志愿军、武装警察部队,在成长历史的长河中有如此之多的名字。

为适应时代的发展变化,20世纪80年代,解放军效仿西方军队组建了第一支海军陆战队。组建中,解放军学习美军的做法,配备了女海军陆战队员;20世纪90年代,又学习印军,组建了自己的山地旅……

企业在成长中何尝不是如此。

世界上没有完全相同的两个企业,也不可能有一个放之四海而皆准的运作模式。那么,什么是最适合你的呢?考察我们选择的样本企业,20年来变化最大的可能就是企业的名称了。我们是个讲究"名正言顺"的国度,干任何事情,首先是"正名"。所以,我们循着这些企业在不同时期适应所处社会经济环境而使用的不同名称,也许能理出关于"什么是最适合你的样本"的一些头绪。

1984年,万科成立时在工商注册的名字是"深圳现代科教仪

向解放军学习

器展销中心",1985年改名为"深圳现代企业公司"。后来王石研究了SONY(索尼)等企业的名称后,于1988年改名为"深圳万科企业股份公司"。到1993年,最终改名为现在一直沿用的"万科企业股份有限公司"。从名称中可以看出万科的成长和社会的发展。

我们又想到了恐龙。

恐龙消失是由于对外界反应迟钝。但据说,恐龙反思了自己,从内部开始了变化。所以,在这个星球上,恐龙以另一种身份存活下来,这就是壁虎。你可以看到,我们今天复原的恐龙形象,多少有些像放大了的壁虎。早年在野外训练时,我曾经抓过壁虎。这种动物的尾巴很长,有意思的是,它经常采取"断尾自救"的方式逃生。而失去了尾巴,过一段时间可以再生长出来。

企业组织的"适者生存"和企业组织的"成长",是个对环境变化不断适应、不断调整的应对过程。环境的变化以及对环境的适应,会引起企业两个不平衡:一个是企业与外部环境的不平衡,另一个是企业系统内部各子系统之间的不平衡。外部的不平衡是企业的适应性方面的矛盾,适应性矛盾的解决往往决定企业的生存,是生死关系;内部不平衡是企业的创新性(包括整合性)方面的矛盾,创新性矛盾的解决往往决定企业的成长,是健康与否关系。

企业内部的创新整合可以说是企业对外部适应的派生体,内部创新和整合的目的是为了实现外部适应,这就是先有生存再有成长的逻辑关系。

企业是个活的有机体,环境也是持续变化的,因而在企业与环境之间,企业内的各系统(部门)之间总有一个从平衡到不平衡,再由不平衡到平衡的动态过程。不打破原来的平衡,就不能抓住机会,快速发展;不建立新的平衡,就会给企业经营运作造成长期的不稳定,失去建立内部平衡即制订计划和责任制度的基

第十二章 让所有人参加比武

础。这实际是在把握成长中的量变到质变，再由质变到量变的转化过程。

柳传志用"鸡蛋孵小鸡"来比喻企业对环境的适应。他说：企业要在不同的温度中孵出小鸡来。鸡蛋孵小鸡的最好温度是37.5℃~39℃。1984年创办联想的时候，当时的环境温度是42℃，太高了，大多数的鸡蛋孵不出小鸡，只有生命力非常顽强的鸡蛋才能孵得出来；到90年代中期，大概还有40℃左右，也不是很好，但已经不错了，已经有大批的鸡蛋能孵出来了，但是还要生命力比较顽强。我们这些鸡蛋（企业）不能等温度适应了再去"孵"，那样会永远失去机会，而是要主动去研究怎么提高自身的生命力，以使自己能够在环境温度高一点儿的时候，依然能孵出小鸡来。

对"孵出的小鸡怎样存活"，柳传志也有个中体会："学会拐大弯"，这实际上也是如何适应的问题。做企业要考虑到对于大环境本身，自己能不能进行改造。不能，那么局部环境的改造能不能进行？更小的环境能不能进行改造？有的时候改造小的环境是可以的，有的时候还不行，不行怎么办？不行就要忍耐，适应在这种环境下生存，然后等待时机，再来做大的动作。所谓"拐大弯"，是柳传志"给自己画了一个底线，就是我不要在改革中犯错误"。这其实就是要求必须弄清楚什么事情能做、什么事情不能做。不能在不适当的时候强行去改造环境，否则一定会碰得头破血流。

在市场里，环境是在不断变化的，企业如果不适应这种变化，生存将很成问题。因为**没有永远的产品，没有不变的市场**。

企业对市场环境的适应包含四个方面的内容：

第一，是对企业生产规模的适应，这是讲生产的组织适应。凡是成为热点的地区和行业，往往也就是资金流入最快、最多的地区和行业。这种资金快速增长的情况，带来的直接后果是利润空间的压缩和行业利润率的急剧下降。按照经济学原理，任何一个行业，在市场平均利润下，都存在着一个规模经济问题。也就是说，企业在多大的生产量下，其成本是最低的，生产是最经济的。

第二，是企业产品对市场的适应，也就是讲企业对市场的适应。不同规模的企业的竞争将导致更加有效率的企业产生和有效率企业的生存。

第三，是企业组织的适应，是讲企业对环境的适应。即企业以什么方式参与竞争。TCL总裁李东生先生用一个"悟"字来形容，他说："要悟到一个企业在社会中生存必须要适应这个社会的环境，要改变一个社会，一种文化是自不量力的。我们企业的改革一是低调，一是注意规范。我们的改革虽然不能说全部找到了依据，但有一点是可以肯定的：我们不违反任何规定。"

第四，是用什么样的方式组织企业，主要是说对企业管理理论的适应。

1997年，布莱尔代表已经在野20年的英国工党赢得大选出任英国首相后，不断有人问布莱尔这样一个问题：为什么在一代人的时间里，英国工党一直在野？布莱尔则总是用一句话回答："很简单，世界变了，而工党没有变。"

市场经济的法则之一，是资源的市场化配置。这种配置，是资源从效率低、没有效率的地方向高效率和能产生效率的地方流动。社会资源的这种流动造成了企业的兴盛或死亡。从这个角度来说，企业的死亡是市场资源优化配置的方式。这就如同人类生命一样，死亡是必然的，这是生命新陈代谢的自然法则。但生命的平均寿命与预期，则是生命质量和文明的标志。

企业组织形态的发展，是人类与自然相互适应的工业化生产的过程。与这种过程伴生的，是企业管理理论的产生与发展。但在100余年中，没有一种理论可以解决企业成长中所有的问题，没有一种理论是所谓"放之四海而皆准"的。倒是企业管理的实践，却一直在不断探索、不断创新。这应了德国哲学家黑格尔的一句名言：太阳下面没有新事物；而歌德则说：理论是灰色的。这告诉了我们，世界上成功的管理经验和理论，没有一种可以完全解决中国企业的问题。

三、革自己的命：组织内部的"鲶鱼效应"

一个组织有无活力，要看有没有自己革自己命的勇气。解放军是个勇于自我革命的组织。这种自我革命，使这个组织在适应环境变化中，永远处于最佳战斗状态。

有的时候，为了激发竞争和组织活力，需要有"自己人打自己人"的胆略和智慧。而解放军运用"自己人打自己人"的方式，目的是让所有成员和作战单位都参与竞赛。

其实，人们不会做你希望做的事情，只做你检查的事情。如同我们上学，如果取消了考试，绝大多数人在青少年时期是完不成学业的。在解放军中有句很流行的话：军事训练成绩的提高靠比武，政治教育的成效靠考试。这也是竞赛。

适应变化，是所有企业面临、许多企业成员都懂得的道理，但为什么有的企业变革成功，而有些企业则在变革中消亡了呢？

变革是需要勇气的。这种勇气来自于能否战胜自己，而这种战胜是需要付出代价的。

诺基亚是靠加工木材起家的百年企业。1990年前的芬兰诺基亚公司主营业务有两块：一块是木材加工，另一块是生产橡胶制品。芬兰位于北欧，只有500万人口，本国市场很小。几十年来，诺基亚主要是为苏联提供橡胶制品，由于市场稳定，所以生产和生活都很好。但是，1990年，环境突然发生了改变，苏联解体，诺基亚既有的市场没有了，企业面临着生存问题。当时的董事长感到，企业要生存就必须转型，但这个建议遭到董事会成员的极力反对。在巨大的压力下，董事长最终选择了自杀。新任董事长奥利拉上任后经过调查认为，前任董事长的思路是正确的。他向董事会摊牌：要么改变，要么我走人。董事会最终同意了奥利拉的意见。诺基亚在奥利拉的带领下迅速出售掉部分木材加工、橡胶制品和电视机生产企业，集中精力做通信产业。到2002年，诺基亚已经是世界排名第一的移动通信供应商了。

让组织内部时时保持活力，促使企业内部主动变革，是组织有效率的标志之一。

20世纪80年代，著名作家刘震云发表了小说《新兵连》。小说中描写了一群河南来的新兵在新兵连里展开生存竞争的故事。小说以那个特定年代、特定环境为背景，从负面写了军队。但我以为，部队中的这类现象今天依然存在。如果我们从正面看，这种竞争恰恰是解放军内部具有活力的表现，表现了他们从跨入军营开始就展开的个人成长竞争。我认为，那是真实的。解放军内部的竞争，不仅表现在个人，更多表现在组织：班与班，排与排，连队与连队。这样产生的合力，使这个组织具有了非常自主的变革力量。

在军队中，不仅同年兵在竞争，而且班与班、连与连、团与团之间都有竞争。除去一般性、日常性的竞争，还需要设计"比武"、红蓝军对抗等等科目。

部队的士气是在比赛中激发的，战斗力是在对抗性演练中提升的。我在解放军政治学院读书时，有一个关于如何带兵的课程。我至今依然清楚记得有一条非常重要的经验：让兵与兵、部队与部队之间展开竞争。为达到这个目的，有经验的带兵人就要自觉地创造竞争的条件。

我们中国人喜欢"以和为贵"、"自己人不打自己人"。但从组织管理策略上说，自己人与自己人竞争有时候其实比自由市场

第十二章 让所有人参加比武

竞争可能更符合公司利益。

一个繁荣的街区，可以同时有好几家星巴克咖啡店，基本上就是自己人与自己人竞争。北京星巴克创办人孙大伟认为，好的地段要赶快多开几家店，他非常鼓励星巴克与星巴克竞争。**与自己人竞争，可以稳住自家地盘、扩大疆域，更重要的是，可以压缩外敌入侵的机会**。对企业经营者来说，能够形成一个自己人与自己人竞争的战略布局，是一大乐趣。这种布局完全符合公司的整体利益，而且可以培养企业内的一种良性竞争的氛围，夯实企业的"内功"。

在成功的企业中都有内部展开竞争的办法和途径。

海尔的"赛马不相马"，是海尔人力资源战略成功的一个标志。俗话说，是骡子是马拉出来遛遛。海尔所有岗位都在参与日常竞争，岗岗是擂台，人人可升迁，而且向社会开放。竞岗没有身份的贵贱、年龄的大小、资历的长短之说，只有技能、活力、创造精神、奉献精神之比。在海尔升迁不是梦，通过拼搏竞争，普通而有能力的员工可升迁为管理人员，平凡而有才华的农民可以走上领导岗位。海尔"赛马不相马"的用人机制，改革了传统的用人方法，坚持用竞争上岗的办法选人才，在赛马场上挑骏马，实现了能者上、庸者下、平者让、人尽其才、才尽其用的现代用人新境界。

我曾听到不止一个人说，海尔的员工压力非常大。但也正是这种"自己人打自己人"的内部竞争机制，使海尔具有了市场竞争力。

企业内部良性、正常的冲突有时还利于企业组织成长。在讲求团队精神的今天，企业组织内部不愿意成员间发生冲突。但正如月有阴晴圆缺一样，**冲突是企业组织管理中无法回避的问题**。越是有竞争性的企业，越是充满活力的企业，内部冲突也越激烈，甚至可以说冲突是一种常态。我们换个角度看，冲突也并非全是坏事。相反，恰当激发良性冲突、尽量避免恶性冲突，还有助于激活企业创新性管理。

被奉为全球成功企业家典范的美国通用公司前任 CEO 杰克·韦尔奇就十分重视发挥企业内部冲突的积极作用。他认为，**开放、坦诚、建设性冲突、不分彼此是重要的管理规则**。企业必须反对盲目的服从，**每一位员工都应有表达反对意见的自由和自信**，将事实摆在桌面上进行讨论，尊重不同的意见。韦尔奇称此为"建设性冲突的开放式辩论风格"。正是这种建设性冲突培植了通用公司独特的企业文化，从而成就了韦尔奇的伟业。

组织冲突的根本原因还是存在竞争。一些企业领导为了保持这种内部竞争态势，还有意识地通过引进等方式，在组织内部制造"鲶鱼效应"。据说，欧洲人嗜好沙丁鱼，但由于沙丁鱼主要产自非洲海域，活鱼很难运回欧洲。这个问题困扰了欧洲人几十年。在一次运输中，由于工人的一个偶然失误，沙丁鱼中混进了一条鲶鱼。细心的鱼老板发现，不爱动的沙丁鱼为避免被鲶鱼吞食，就不停地奔命逃亡。生命在于运动，危机迫使它们运动。尽管有个别沙丁鱼葬身鲶腹，但却得到了绝大多数沙丁鱼很好活下来的最佳效果。此后，每次运输沙丁鱼，他们都在水槽中放进一条鲶鱼，于是整个鱼槽都被"搞活"了。这就是"鲶鱼效应"。**如果一个企业长期听不到不同的声音、反对的意见，就有必要去挖掘和提升内部"鲶鱼型"员工**，或通过从外界招聘方式引进背景、价值观、态度或管理风格与当前群体成员不相同的个体，引导其直接与原有企业员工产生良性冲突。

四、10 次大裁军："减法"做强家底

华为集团是一个非常具有竞争力的企业。任正非曾直接写文章批评内部机构臃肿的现象：

第十二章 让所有人参加比武

市场部机关是无能的。每天的纸片如雪花一样飞啊,每天都向办事处要报表,今天要这个报表,明天要那个报表,这是无能的机关干部。从明天开始,市场部把多余的干部组成一个数据库小组,所有数据只能向这个小组要,不能向办事处要。庞大的机关一定要消肿。

庙小一点、方丈减几个、和尚少一点,机关的改革就是这样。总的原则是我们一定要压缩机关。当我们公司组织体系和流程体系建设起来的时候,就不要这么多的高级别干部,方丈就少了。如果一层一层都减少一批干部,我们的成本就下降很快。信息越来越发达,管理的层次就越来越少,维持这些层级管理的官员就会越来越少,成本就下降了。

组织成长的另一个问题是体制膨胀,这几乎是所有组织面临的共同问题。为解决这个矛盾,解放军有个永远的话题:精兵简政、精简整编。

解放军用"精兵简政、精简整编"的方式淘汰不适应甚至是落后的组织编制、人员,通过调整整合,充实新鲜血液,使部队保持战斗力。建国后的50多年中,解放军经历了10次大裁军:

1950年6月,解放军进行第一次大裁军。当时新中国刚刚成立,人民解放军总兵员550万人,"小米加步枪"的步兵是我军的主体,空军、海军和陆军特种兵几乎是空白。1950年6月,经中央军委批准,确定分期分批复员和转业百万余人。后因抗美援朝战争爆发,精简工作停止,根据战争需要又进行了扩军。到1951年10月,军队总人数增加到627万人,是我军历史上兵力最多的时期。

1952年1月,我军进行第二次大裁军。总部和各机关以及国防军步兵部队人数减少,军兵种部队和院校人数扩大,其中还有95万人地方部队改编为公安部队,全军总定额保持在300万人左右。

1953年8月，我军进行第三次大裁军。全军总兵力精简23.3%，其中陆军部队精简比例最大。

1957年1月，我军进行第四次大裁军。到1958年底，全军成建制地集体转业或移交地方的有1个军部、46个师、30余所院校。精简最多的还是步兵部队，全军总人数与新中国成立时相比，精简了61%。

1975年底，我军进行第五次大裁军。"文革"期间，部队组织编制混乱，比例失调，机构臃肿，干部严重超编。裁军中，精简最多的是工程兵、铁道兵。到1976年，全军总人数比1975年减少13.6%。

1980年，我军进行第六次大裁军。当年3月，中央军委决定，军队再次进行精简整编，大力精简机关，压缩非战斗人员和保障部队，将一部分部队移交地方。

1982年9月，我军进行第七次大裁军。51万余人的铁道兵和1978年1月成立的基建工程兵，集体转业到铁道部和原配属的国家各部委或所在省、自治区、直辖市，部分部队转到武警部队。从此，铁道兵和基建工程兵两个兵种在我军序列中消失。

1985年6月，我军进行第八次大裁军。中央军委决定裁减军队员额100万人。这次裁军使我军实现了由数量规模型向质量效能型、由人力密集型向科技密集型的转变。

1997年9月，我军进行第九次大裁军。中央军委决定裁军50万人。

2003年9月1日，时任中央军委主席的江泽民宣布，2005年前，我军再裁减员额20万，由此拉开了第十次裁军的序幕。

与几次裁军相同步，陆军航空兵部队、电子对抗部队、海军舰载机部队等新兵种，以及预备役部队相继成立，解放军向着精兵、合成、高效的方向迈出坚实步伐。

第十二章 让所有人参加比武

现代企业管理经过100余年的发展，大型企业越来越多，企业规模也越来越大，那么在管理经营方面就面临着新的挑战，即"精干的总部"和"浓缩式的经营"。"精干的总部"就是使企业总部缩小化并充满活力；"浓缩式的经营"就是重构企业的经营机制。总之，都是为了顺应市场变化而彻底强化企业的领导体制和经营体制。

哈佛商学院助理教授唐纳·萨尔在最近总结的由"成功模式"到"行动惯性"的企业成败规律中特别指出：外部环境发生急剧的变化时，昔日的成功模式可能成为今日的桎梏。商场中适者生存，只有因时而变，企业才能持久成功。成功企业往往有一种致命的惯性，越成功的企业惯性越大。这一理论有助于中国企业发现那些阻碍成长的因素，并作出有效的变革。中国正在经历转型，企业界尤其如此，而中国快速变化的商业环境使得这种变革非常迫切。

解放军之所以具有极高的作战效率，善于放弃是原因之一。在实战中，解放军的一个重要战略就是"放弃局部战场"。这种策略在解放军几次重大作战中都有鲜明的体现。在战争指导上，决定战争胜负的主要的和首要的问题，在于对全局和各阶段的关系关照得好或关照得不好。只有"懂得了全局性的东西，就更会使用局部性的东西"。解放军善于突出各个局部在战争全局的地位，因而从夺取局部的优势和胜利，发展到夺取全局的优势和胜利。

企业在成长过程中，首先面临的是由小变大的问题。没有一定规模，没有一定实力，就不可能是一个有影响的企业，所以，大多数企业开始都是用"加法"的方式把企业做起来。但企业由大变强，就需要调整企业的产业和组织结构，可以说，企业由大变强，再通过"强"变得更大，则是靠"减法"。

万科起家是靠"加法"，最红火的时期大约是在1992年前后。第一，万科在深圳房地产业折腾了几年，总觉得施展不开，此时适逢全国放开的形势，于是万科成了深资北上的领头羊；第二，万科通过1991年6月第一次增资扩股以及1993年4月发行B股，筹集到好几个亿资金，手里有钱了，自然是穷则居家，富则上路；第三，作为上市公司，万科也面对着股民要求业绩的压力。在1992年前后大约两年的时间里，王石一改往日"坐山虎"的形象，以"下山虎"的姿态奔走于全国各地，跑遍了大半个中国，一是推广股份制，二是找地。当时，万科成立了股份制改造小组，到处动员人家改制上市。"乐此不疲的布道者"有两点考虑：一是作为深圳市"老五家"之一，万科认为股份制必须成全国之势，才能成事；二是只要你愿意搞，万科就免费提供方案，当然也愿意成为发起股东。前前后后，万科共参股30多家企业，总投资1.3亿元。北京最早上市的几家企业，几乎都有万科的股份。

  1993年后，逐渐成熟起来的万科开始收缩战线，做起了"减法"：第一，在涉足的多个领域中，1993年，万科提出以房地产为主业，从而改变了过去的摊子平铺、主业不突出的局面；第二，在房地产的经营品种上，1994年，万科提出以城市中档民居为主业，从而改变了过去的公寓、别墅、商场、写字楼什么都干的做法；第三，在房地产的投资地域上，1995年底，万科提出回师深圳，由全国的13个城市转为重点经营京、津、沪特别是深圳四个城市；第四，在股权投资上，从1994年起，万科对在全国30多家企业持有的股份，开始分期转让。

  万科从1984年成立，到1993年的10年间，从一个单一的摄像器材贸易商，发展到经营进出口、零售、房地产、投资、影视、广告、饮料等13大类，参股30多家企业，战线一度广布38个城市的综合经营商。对于大多数企业来说，加法是容易的，因为在中国经济的大发展中，机会是非常多的，换句话说，诱惑是

第十二章　让所有人参加比武

非常多的。但在 1992 年底，万科却走上了"减法"之路。正是这种"先加后减"，使万科成为中国房地产业的龙头老大。

佛教中有个词汇叫"舍得"，先要舍，才有得。"有所不为才能有所为"是个浅显的道理。在电影《南征北战》中有句台词：要舍得打烂坛坛罐罐。和平年代，背点坛坛罐罐没事，顶多是走慢点。战争时期，前有阻截，后有追兵，那些坛坛罐罐就会要了你的命。

战略就是放弃，是世界上杰出企业成功经验的总结。美国著名企业战略管理学家迈克尔·波特在《什么是战略》一书中明确提出：**战略的实质其实就是确定什么可以不做。**

优秀的企业知道应该放弃什么。

第十三章 成绩是总结出来的

——让组织天天进步

1950年，一位沉寂多年、几乎被遗忘的美国企业管理学家戴明博士被日本占领军司令麦克阿瑟将军举荐给了日本企业界，向日本企业家传授企业管理的"福音"。这个在本国不太受重视的管理学家在日本潜心"传道、授业、解惑"30年，终于修成正果，被日本松下、索尼以及本田等众多企业和企业家奉为管理神明。1960年，日本天皇授予戴明"神圣财富"勋章。重要的是，日本这个一无资源、二无市场、三无创新技术的小国从此戏剧般崛起，成为举世瞩目的经济强国，"日本制造"震惊世界。

20世纪80年代，美国企业竞争力受到来自日本的严重挑战，企业竞争力处于危机之中。美国人举国上下都在自问："为什么日本人行而我们不行？"为解开答案，美国人找到了戴明。

1980年，戴明博士已经80高龄。美国人问戴明，你究竟教给日本人什么"秘诀"，使日本的制造业如此快速崛起？

戴明说："也没有什么，我告诉日本人，**每天进步1%**。"

我们有许多企业总是强调"权谋"，其实世界上优秀的企业重点强调的是"认真"。日本企业为什么能把质量做到世界一流，很大程度上是因为日本接受了质量大师戴明的一个观点：**质量不是靠检验出来的，而是靠从源头抓起。**

第十三章 成绩是总结出来的

儒家经典《大学》中有一句话："汤之《盘铭》曰：'苟日新，日日新，又日新。'"老子在《道德经》中说："合抱之木，生于毫末；九层之台，起于累土；千里之行，始于足下。"毛泽东说："好好学习，天天向上。"其实，如果真正实践起来，这个"天天向上"是个非常难以达到的境界。

但是，一个组织如果不能"天天向上"，这个组织就很可能会失去竞争地位。

正是由于解放军善于总结，时时、事事总结，具有每日"总结"的制度和文化，所以，其每日进步1%，始终保持"天天向上"，不仅成为可能，而且成为事实。

我在解放军中从事政治工作20余年，对解放军政治机关中"成绩是总结出来的"这句话有了深刻理解，不是在部队，反倒是到企业之后，尤其是这些年对世界上数百家著名企业进行了研究之后。凡是成功的企业都是不断总结、善于总结的企业。人不能在同一个地方常摔跟头，同样，组织也应该知道：哪种方式、哪条路是适合自己的正确的方式和道路。

世界上任何一个新起的企业，在市场竞争中都不可能一帆风顺。如果不经过失败和挫折，不经历市场低谷和经济危机的洗礼，不在失败中总结经验，是不可能成为百年老店的。

一、战争规律：掌握管理话语权

世界上任何优秀组织之所以优秀，任何卓越的企业之所以卓越，一定是他们对事物规律进行探索并遵循的结果，所谓"顺天应势"。规律的探索是个不断总结和不断思考的过程。一位现任解放军高级将领20年前对我说：当一件事情反复出现的时候，我们就要问个为什么了。

半个多世纪前，毛泽东在《中国革命战争的战略问题》中曾

向解放军学习

有一段经典论述：

　　战争的规律——这是任何指导战争的人不能不研究和不能不解决的问题。

　　革命战争的规律——这是任何指导革命战争的人不能不研究和不能不解决的问题。

　　中国革命战争的规律——这是任何指导中国革命战争的人不能不研究和不能不解决的问题。

商场如同战场。在日益激烈的全球化企业竞争中，我们似乎可以这样说：

　　企业管理的规律——这是任何从事企业管理实践和管理研究的人不能不研究和不能不解决的问题；

　　中国企业管理的规律——这是任何从事中国企业管理实践和管理研究的人不能不解决的问题；

　　中国当代企业管理的规律——这是任何从事当代中国企业管理实践和管理研究的人不能不研究和不能不解决的问题。

规律的寻找过程，是调查研究的过程，也是一个不断总结的过程。调查研究是前提和基础，总结是过程，得出规律并指导实践，修正思路和战略，争取更大进步是目的。

综观世界企业发展的历史会发现，任何一个国家的崛起，都靠企业家和企业群体的崛起来支撑。而这种企业家和企业群体的崛起，不仅是创造了产品，而且是创造了与企业发展相关联的企业经营管理经验。这种经验，绝对是区别于"那一个"的创新。

"成功的企业善于总结"——这是被誉为"经营之神"的松下幸之助在成立松下电器研究院时讲的话。他说：企业做到这个规模一定要总结。我们要看看，我们究竟是做对了，还是做错了。对的，我们坚持；错的，我们改正。

中国企业发展 20 多年来，成功者都是善于总结的。联想的柳传志总结联想成功的基本经验是：搭班子、带队伍、定战略。同是军人出身的华为老总任正非把企业管理经验浓缩为一部《华为基本法》，使华为成为"专注做电信和 IT 产业的设备供应商"，这成为华为成功的基本经验。而经历过市场高峰和低谷的万科总结出：超过 25% 利润的事情不做。这令万科认认真真做产业，并成为中国市场上最具有竞争力的房地产商。难怪有老总亲自操刀，写了《学习万科好榜样》一文，成为企业家的热门读品。

二、十六字诀：及时总结，不断提高

20 世纪 80 年代初，邓小平担任中央军委主席后，中国在华北组织了一次有几十万兵力参加、代号为"802"号的大演习。我们"红一师"驻扎地就在演习地区。当时，由于"文化大革命"结束不久，军队和政府、军队和老百姓的关系还比较紧张。在离我们驻地不远的村子中，基层连队为了和村民搞好关系，开展了连队与村庄共同进行的以打扫卫生等为主要内容的活动。这就是后来影响全中国的"军民共建精神文明"活动。这成为 20 世纪 80 年代、90 年代军队与民众维系关系的代表作。

解放军是个最善于总结经验、寻找规律的组织。解放军之所以发展和进步，是由于在这个组织中，有一个善于总结、善于从"普遍到特殊，又从特殊到普遍"的组织体制，保证了这个组织能够在不断总结中发展提高。

解放军从高级干部到基层干部都在做总结工作。早在红军时期，毛泽东就总结了游击战的十六字原则：

　　　　敌进我退，敌驻我扰，敌疲我打，敌退我追。

解放战争中，解放军总结出大规模运动战的组织编成规律：

三三制。

在部队管理上，建军之初，毛泽东就制定了《三大纪律、八项注意》，在《古田会议决议》中，又明确指出："严格地执行纪律，废止对纪律的敷衍现象。"

著名的毛泽东军事思想，也是在不断总结中完善起来的。

1947年，在东北战场上，解放军根据作战特点，总结出"一点两面"、"三三制"、"三猛"等战术原则。"一点两面"就是在进攻敌人时集中力量突破一点，得手之后迅速扩大战果，正面进攻与侧面迂回包围、分割、穿插相配合；"三三制"即每班分成3个战斗小组，每个战斗小组3至4人，进攻时以小组为单位，队形便于疏散可减少伤亡，便于聚拢，易于形成战斗力；"三猛"即猛打、猛冲、猛追。解放军把复杂的战术问题用几个字简练地概括，好学好记，便于推广。这些战术原则在东北野战军中推广很普遍，应用很广泛，对东北战场上解放军的作战起到很好的效果。

在解放军的历史中有一个应该引起高度重视的运动，就是20世纪60年代的"大比武"。其开端是一个纯粹自下而上，并对全军形成广泛影响的练兵"教学法"。其创造者是时任解放军12军副连长的郭兴福。

"郭兴福教学方法"在1960年就已经有了萌芽。1961年，经过12军领导干部的亲自培养并在全军范围内推广。1962年，南京军区开始抓，连续在杭州、镇江等地召开了几次现场会议，并组织巡回表演，逐步在全军区部队、学校中推广。1963年，郭兴福又应广州、武汉、沈阳军区的邀请，在上述3个军区作了数十场表演，参观学习的干部数以万计，获得了普遍好评。1964年1月，中央军委发布了"全军学习郭兴福教学方法"的指示。自此，解放军和平时期部队训练有了新的突破和提高，并引发了解放军的"大比武"运动。

"郭兴福教学方法"的核心是：现场教学，官兵互动，边教边学，及时总结，不断改进。

20世纪90年代，解放军又对基层干部管理总结出"五勤"：一要眼勤，二要嘴勤，三要手勤，四要腿勤（走动管理），五要脑勤。

及时总结经验、研究规律，是解放军的传统，也是这个组织能够不断适应变化了的形势和环境，不断与时俱进的重要原因。

企业在市场竞争中，常常需要对市场走势进行判断和预测。但往往这种判断和预测会使企业管理者很困惑：因为很难看清前方的路。这个时候，在我们看不清前面道路的时候，最有效的方法是回头看，**从过来的道路中寻找出规律，总结出经验**。

如何进行总结呢？

第一，总结不能事无巨细，重点在于寻找规律。总结不是工作量的罗列，而是通过总结上升到理性的高度来认识所做过的工作。通过总结得出一般性规律，形成有益的经验，使其对今后工作具有指导作用，对他人具有借鉴作用。

第二，总结要实事求是，特别是不能把成绩变成"注水猪肉"。总结是事实成果的汇总归类和条理化，要注意用事实和数字说话。既不能人为拔高，注水膨胀，也不能把别人的成果拿来共享。

第三，总结不能回避问题。总结的目的在于应用、发展和提高。我们经常讲"成绩不讲跑不掉，问题不讲不得了"。在总结成绩的同时，要客观地查找工作中存在的不足和问题，避免在以后的工作中犯同样的错误。

三、正视挫折：把坏事变成好事

解放军的规律寻找和总结，不仅是对成绩，更是对问题、错误和失败的总结。尤其是败仗，一定要知道失败在哪里，学费是不能白交的。

在解放军历史上，最惨烈的一次战役，当数1934年11月长征途中的湘江之战。湘江战役是中央红军突围以来最壮烈、最关键的一仗。此役，红军5军团和在长征前夕成立的少共国际师损失过半，8军团损失更为惨重，34师被敌人重重包围，全体指战员浴血奋战，直到弹尽粮绝，绝大部分同志壮烈牺牲。渡过湘江后，中央红军和军委两纵队，已由出发时的8.6万人锐减到3万人。

这是一次惨败。这一仗的直接结果，是促成了不久后召开的遵义会议。在遵义会议上，中央军事委员会对五次反"围剿"以来红军的军事战略和军事方针进行了检讨和总结，彻底宣告了以李德为首的教条主义军事路线彻底破产，证明了以毛泽东等为代表的有中国特色军事战略的正确，并确立了符合中国实际的组织路线和军事路线。

所以，从这个意义上说，历史学家甚至这样认为，湘江之役，红军是"大胜显败"——从此后再也没有重复出现过类似的失败，相反，迎来了一连串的胜利。

企业经营中不可能总是增长，总是市场赢利，也会遇到市场低谷甚至失败，关键是如何不在同一个地方摔两个跟头。

20世纪60年代中期，美国通用公司一位年轻工程师独立负责一项新塑料的研究。正当这位工程师踌躇满志地准备大干一场的时候，不幸的事情发生了：实验研究的设备突然爆炸，3000多万美元的实验设备连同厂房瞬间化为灰烬。面对爆炸后一片狼藉的现场，年轻的工程师精神濒临崩溃。他想：自己在通用的梦想和历史就此结束了。他非常沮丧、非常忐忑不安地接受通用总部派来的事故调查高级官员的谈话。但让他没有想到的是，这位高级官员问他的第一句话是：我们从中得到了什么没有？年轻工程师先是一惊，然后回答：得到了，我们这个试验走不通。调查官员说，这就好。可怕的是我们什么也没有得到。

一场惊天动地的"重大事故"就这样解决了。这位年轻工程师就是日后带领美国通用公司实现20年高速增长、被誉为世界第一CEO的杰克·韦尔奇。

1995年，由于种种原因，联想（香港）出现巨大的管理、产品和财务危机。在有被投资者抛弃的危险时刻，联想没有恐慌，他们冷静分析了问题原因，果断将香港联想和北京联想合并，使联想整体渡过难关。从这件事中，联想掌舵人柳传志悟到：中国内地市场在相当长时间内都应该是联想的主战场。正是基于对失败和挫折的反思，联想重新部署了在中国本土市场的市场策略与市场布局，终于搭上中国PC市场快速增长的快车，成为1996—2000年中国快速增长的PC市场的最大赢家。在网络泡沫时期，联想头脑再次发热，提出了多元化战略。由于网络泡沫的破灭，从2001年开始，联想发展进入滞胀期。他们再次痛定思痛，认真总结，果断调整了多元化战略，专注全球PC市场。2004年12月，联想一举用12.5亿美元收购世界PC鼻祖IBM全球PC业务，震惊世界。这不仅是中国企业迄今为止最大的一笔海外收购业务，而且使联想一步跨入世界500强行列，更重要的是，联想由此成为世界PC生产厂商的三强之一。这一举措，冲击了整个商业社会，使全球企业家想到：整个商界开始重新洗牌了。因为，下面的演出，中国企业将成为主角。从这个意义上说，联想的收购行动是划时代的。

企业在成长中肯定会遇到挫折，会摔跟头，这是组织生存成长中的必然。成功的企业与失败的企业的区别在于：成功的企业会克服生存、成长中的挫折，会从摔倒的地方爬起来，继续前进；而失败的企业则在摔倒的地方自我怜悯，内部互相指责，内讧后再也爬不起来，甚至有的组织失败后再也不敢爬起来。

研究20余年来中国企业的成长历程，我们会发现不乏这样的案例：一些企业的彻底失败，不是一次市场失误，而是被遇到的挫折"吓"死了。这是一种很可悲的事情。他们不知道，最后的胜利往往全在于"再坚持一下的努力之中"（京剧《沙家浜》唱词）。所以，从这个意义上说，**惧怕挫折、惧怕摔跟头，就是拒绝成长和发展。**

一个成熟的企业应该具有一种宽容失败的文化氛围。

任何人的成长都要犯几次错误，任何企业的发展都要经受市场挫折的磨砺，任何市场的走向都是有高有低，如同小孩成长中不可能不摔跟头一样。如何正确对待失败，如何正确对待困难，是企业生存的重要一环。具有一致性的企业如同学习走路的小孩，长大、成长是唯一目标，企业绝不能因为摔跟头而踌躇不前。

能够从失败中总结经验的企业是个伟大的企业。

一个历经百年的企业不可能没有失败的经历，但这些卓越公司与一般企业的区别在于：它们能够从一次次失败中汲取教训，再次崛起。

四、班务会：每天进步1%

成功的组织总会引来模仿者。在这样一个开放的世界中，任何优秀的组织都会有人研究，任何有效率的组织的成功经验都会有人总结。而解放军是被研究最多的组织之一。

我的一个朋友在美国哈佛东亚研究所做访问学者。他对我说，在欧美，大约有30多家由政府资助的专门研究解放军的机构。他们的研究非常细。他在东亚所看到一份研究中国红军长征的研究报告，细到长征中每一天中共主要领袖的活动都有记载。

国民党退守台湾后，在蒋介石授意下，国民党总参谋部专门

第十三章　成绩是总结出来的

组织人员总结了失败原因：共军军事思想，是以"唯物史观"为体，"军事辩证法"为相，"战争规律"为用，其一切战略战术，则为用之变化。……故我们与共军斗争 30 余年，除少数专家外，都是局限在以实用科学为基础的军事原理原则，去和共军变化莫测的军事思想相抗衡。[《军事杂志》（台湾）第 28 卷第 10 期]

解放军自己也非常注重研究与总结。

我在部队担任的第一个机关职务，是服役的第 5 年，到"红一师"所属炮兵团政治处组织股任组织干事。部队的组织部门主要有三件事：第一是党委、支部建设，第二是部队基层建设，第三是部队的褒奖工作。而这些落实到具体工作上，就是"写材料"，也就是对各种经验、教训进行总结。

记得政治处主任找我做任职前谈话，说成绩是总结出来的，事物的规律是研究发现的。政治机关干部的能力，首先表现在发现典型、总结经验上。

很有道理。

解放军的总结是有一套制度的。

首先是班务会。几乎所有参过军的人都知道班务会。班务会上，班长的主要工作之一是对班里一天、一周工作进行总结，表扬好的，批评不足，然后提出第二天、下一周努力的方向。

其次是训练科目讲评。在解放军的正规操课训练中，最后一个科目是讲评。这种讲评，大到一场有数万人参加的演习，小到一个班的一次队列训练。这既是一种制度，更成为一种文化。

再次是阶段总结。解放军组织中，每一个阶段都要总结：月度、半年和年度总结。这种总结是全方位、从下到上的。

总结使这个组织成员能够不断进步，总结也使这个组织具有了不断修正不足、不断进步的条件。

企业管理的基础实际上是班组的日常管理。

优秀的组织，实际上都是从小事情、小地方做起的。小事

情，重复千百万次，就变成了大事情，变成了伟大的事业。

翻开优秀企业的历史，可以发现，他们很少有跨越式、爆发式的成长，大多是在某个时间段成长速度快一些，某个时间段成长速度慢一点。当然，如果有机会，他们是不会放弃那种爆发式的增长机遇的，但他们更多的时间是以一种平和的心态，一点一滴地做他们每日需要做的"工"。但就是这种"工"，使他们不停地进步。而相反，20多年时间中，那些利用各种手段和途径实现了超速增长，在中国市场成为行业"巅峰"的企业，许多是"其兴也勃，其衰也忽"。倏忽之间，樯橹灰飞烟灭。

"日新又新"，"每日进步1%"，并不是否定创新，而是在实践和操作层次上的创新；是一种变革，是用变革、变化表现的创新。

"日新又新"对企业来说实在是一种新境界。

华为老总任正非在企业内部明确提出："我反对创新。"他要求华为员工，**"99%是模仿、消化，只有1%是你自己"**。实际上，任正非并不是反对创新，而是要求员工能够通过这种不断的1%进步和积累完成企业的创新式跨越。事实上，也正是这种不断的1%的进步，使华为从一个跟跑者变为电信行业的世界领跑者之一。2004年12月，华为一举击败国外几家电信巨头，成功承接了荷兰WCDMA商用网络。这已经是华为在全球承建的第五个WCDMA商用网络（前四个分别是阿联酋、香港、毛里求斯、马来西亚），它标志着华为已经步入全球领先的电信设备供应商行列。

希望集团的刘永好也说，在企业发展中，要**"借鉴别人一大点，自己再创造一小点"**。

进步和进化一样，是不断的。

被中国媒体推崇的海尔集团的管理精华"OEC管理模式"，既是海尔的学习和模仿，也是海尔的一种创新。精髓，就是"苟日新,日日新,又日新"。

"OEC 管理法"就是英文"Over all every control and clear"的缩写,就是全面地对每人每天所做的每件事进行控制和清理,**"日事日毕,日清日高"**——今天的工作必须今天完成,今天完成的事情必须比昨天有质的提高,明天的目标必须比今天更高才行。

"OEC 管理法"最早由日本企业发明并实行,后由海尔运用到了自己的企业生产管理中,并加以创新,增加了"日清日高"的内容。

摩托罗拉首创的 6 西格玛(6Σ),由于杰克·韦尔奇在通用的实践和推动,风靡世界企业管理界。

6 西格玛是以数据为基础,追求几乎完美无瑕的质量管理活动。6 西格玛的计算方法是:将所加工对象实际中出现的失误值,除以对象中总的可能产生缺陷的机会值,然后再乘以 100 万,这样得出的结果表示每百万次操作中所产生的失误。1 西格玛表示 68% 的产品合格,3 西格玛表示 99.7% 的合格率,而 6 西格玛是最高目标,表示 99.999997% 的合格率,这几乎就是完美的代名词。

大多数成功的美国公司的平均质量水平是 3.5 西格玛,即每百万次操作中发生 35000 次失误。如果达到 6 西格玛,就是在每百万次操作中只发生 3.4 次失误。

海尔的成长是中国企业 20 余年发展的见证和缩影。海尔之所以从小到大、从弱到强发展壮大,海尔领袖张瑞敏善于总结是重要原因。张瑞敏把海尔的成功归为以下 8 点:

1. "要么不干,要干就要争第一"——追求卓越的企业文化;
2. "明天的目标比今天更高"——日清日高的素质管理;
3. "人人是人才,赛马不相马"——重在行动的人才观念;

4. "先谋势,后谋利"——从容乘势的竞争战略;

5. "不争而善胜"——创造市场的核心能力;

6. "卖信誉而不是卖产品"——真诚到永远的服务理念;

7. "大公司体魄,小公司灵魂"——规模与速度并举的扩张方式;

8. "管理就是借力"——兼收并蓄的领导之道。

这种总结,对外,是对企业形象的一种张扬和宣传,使客户对企业充满了信任;对内,增强了企业员工对企业的信赖,增强了企业的向心力和凝聚力。

海尔是成功的。

后 记 在实践中寻找答案

在中国经济持续繁荣，从计划经济向市场经济的转型期间，企业管理理论界有点类似100年前的中国：各种主义、各种流派不仅纷争而且泛滥。管理毕竟是实践性的学问，对我们这些处于管理一线的人来说，究竟什么样的管理理论和方法能够解决我们所面临的实际问题，实在是个避让不开的课题。

我非常幸运：有幸先后成为解放军和COSCO这两个伟大组织中的一员。我在军队生活了大约1/4世纪，而且有幸投身解放军的起家部队之一——"红一师"，从一名普通士兵一步步走进解放军的高级统帅机关，亲身体验了中国最有效率组织的管理之道。我的解放军情结是在离开部队之后，随着岁月流逝而越来越强烈的。与许多曾是这个组织成员的其他人一样，军队是我们这些已退役军人心灵中永远的家园。

COSCO的10年职业生涯，使我学会了用国际化思维和眼光思考组织生存问题。管理是与人类伴生的一门古老的行业，与我们的生活息息相关。如果没有有效的管理，我们很难想象4000年前埃及金字塔、2000年前中国的长城是如何修建起来的。管理又是全新的。无论是企业、机关甚至学校、医院，每天都会遇到需要改进和解决的管理问题：管理本身就是不断解决问题的学问。但在管理实践中，我们发现，旧有的问题解决了，新的问题又会出现。我甚至感到，变成理论的管理学与有效的管理者的管理行

向解放军学习

为几乎没有什么必然关系。因为同样的企业行为、同样的企业案例，却常被用来论证两个截然相反的管理观点。恐怕这也是管理学和管理理论的特性：总结出来，就已经落后于实践了。所以，全世界不可能有两家完全相同的企业，也不可能有哪家成功的企业是按 MBA 案例来拷贝的。

但效率是企业管理的出发点和落脚点却是个不争的事实。

小型企业做事，中型企业做人，大型企业做文化、做哲学。解放军的管理之道所代表的是中国文化、中国精神，这不仅对企业有用，我还始终认为，这对政府机关、学校、医院等等所有的组织也同样大有裨益。进而由此得到启发：没有一支强大的军队，就不会有一个强大的国家。

解放军的伟大远不是一本小书所能写尽的，其"治军理念"对中国乃至世界的贡献之巨也绝非我辈所能参透。我在这里只想以这种独特的方式来表达我对这个组织的深深眷恋和无限感激，衷心希望它所代表和诠释的中国精神能永续发扬光大。

在心愿最终完成之际，我要衷心感谢龙杰女士、李树青先生、陈飞先生。尤其是陈飞先生，因为出书，使我们成为好朋友。他的行为，让我明白了什么是职业精神和无私。当然，我最终要感谢的还是这个伟大的组织：中国人民解放军。

张建华

2005 年 1 月 20 日